JN336529

Yoga for mother and baby

お母さんと赤ちゃんが楽しむ
ベビーヨーガ

著者：フランソワーズ・バービラ・フリードマン
（協力：バースライト・トラスト）
監訳：木下 留美
翻訳：中井 智恵美

日本の読者のみなさまへ

生まれたばかりの赤ちゃんとの生活は、幸せいっぱいの日々…のはずが、実は孤立してしまうお母さんは多く、慣れない子育てで自信を失うのは苦しいものです。

思い起こせば、私自身の産後生活も波乱の幕開け。体と環境の大きな変化に心が翻弄され、自分のバランスをとるのがやっとの日々。わが子に愛情たっぷりのスキンシップを与えることができていたか自信がありません。今、ベビーヨーガの指導をしながら、そのころの私自身と、赤ちゃんだった息子を『それでいいのよ。』と抱きしめたいような気持ちになることがあります。

バースライトのベビーヨーガは、単なる赤ちゃん体操にとどまらず、ヨーガ哲学を元にした素晴らしい育児観があり、それを実践する具体的な方法を示してくれます。何よりも母になった女性に、自分を慈しむことを教えてくれます。

日本でバースライトのベビーヨーガが広く親しまれるように、という願いをこめて。一人でも多くのお母さん、お父さんに、この本を手にとっていただけますように。

バースライトJapan
トレーニングコーディネーター
木下 留美

目次

この本について

母になったばかりの女性は、赤ちゃんとの言葉によらないコミュニケーションを学び始めます。赤ちゃんは私たちが思うよりずっとたくさんのことを理解し、表情、視線、身ぶり、動作など、さまざまな方法で欲求を表現します。同時に産後の女性の体は大きく変化し、人生そのものもまったく変わってしまったかのように思えます。この本で紹介するベビーヨーガは、体と心と魂を一体にさせるヨーガのさまざまなテクニックをオリジナルに組み合わせたもので、親子が体を動かしながら積極的に関わり合う自分たちなりのやり方を見つけ出していくことができます。ヨーガがまったく初めてでも大丈夫。お母さんと一緒にヨーガで楽しく遊ぶことで、子供たちは体を動かす楽しさを感じ、それがすこやかな成長と子供の自信につながるのです。

ヨーガの究極のゴールは、あるがままの喜びを知ること。妊娠から幼児期を通じて親子がこの喜びを見出すお手伝いをすることが、バースライト*の使命です。すやすやと眠っている時も、ご機嫌が悪くて泣きわめいている時も、赤ちゃんは最高のヨーガの先生。私たち母親が冷静になり、バランスを取り、自分を取り戻すよう導いてくれます。バースライトが創設したベビーヨーガは、伝統的なヨーガを応用したポーズとやさしいマッサージ、それに発育を促しコミュニケーション力を育む楽しい体操をまとめたもので、それぞれの親子に合わせて自由に組み合わせることができます。子育ての方針にかかわらず、個性を認め、我が子特有のリズムや欲求を尊重すること。それが、バースライトの中心理念です。

ベビーヨーガはどんな親子でもできます。ヨーガを続けていけばライフスタイルが健康になり、子育てに安心、癒し、創造性、楽しさが加わります。赤ちゃんが幸せそうだとお母さんは感動でいっぱいになります。どんな赤ちゃんにも、良い食事と愛情あふれたスキンシップが必要です。ベビーマッサージとヨーガで、赤ちゃんを育てながら私たちも育てられ、癒されてゆくのです。バースライトのベビーヨーガは、私が実際に体験した世界中の子育て、とりわけインドとアマゾンのジャングルのおばあちゃんたちから多くのヒントを得て生まれました。

*バースライト(144ページ著者略歴参照)

どこから始めるか?

赤ちゃんの発達によりどこから始めるかを決めます。赤ちゃんがまだねんねの状態なら、最初から順を追って行うのが良いでしょう。それ以外の場合には5章から始めれば、赤ちゃんの能力を高めることができます。でもあなたの赤ちゃんは、もっと小さい子向けのおだやかな動きだって気に入るかもしれません。

西洋ではインドから伝わったベビーマッサージとベビーヨーガがそれぞれ個別に発展し、違うものとして教えられていますが、この本では、本来のインドのやり方に従って、子育てにマッサージとヨーガを総合的に組み入れています。もしマッサージから始めるのに少しでも不安があれば、かわりにリラックス抱っこや簡

単な動きから始め、少しずつ赤ちゃんの気持ちに近づきます。

　どれをやるかを決める時には、月齢よりも赤ちゃんが気持ち良くやれるかどうかを優先させます。自分の赤ちゃんが今どんなことができるのかをよく観察しましょう。良さそうだなと思える動きでも、始める前には赤ちゃんにちゃんと始まりのあいさつをします。ヒップ・シークエンス、うつ伏せでのストレッチ、運動能力を育てる体操、ローリング、バランス、持ち上げ、さか立ち、リラックスの練習については各章で出てきますが、月齢が高くなるほどその動きは少しずつダイナミックになっていきます。どれをやる時もやり過ぎには注意し、まだ時期が早すぎる動きもしばらくは我慢しましょう。赤ちゃんの準備が整っているのを見極めてから、ゆっくりと一つずつ新しい動きを取り入れましょう。

　産後のヨーガでは、お母さんのヨーガに赤ちゃんも参加してもらいます。赤ちゃんは何でもお母さんの真似をすることで学習します。お母さんのヨーガは、赤ちゃんにとってはいくら見ていても見飽きないほど楽しくて、インスピレーションに富んでいます。お母さんにとっては、自分のための時間と赤ちゃんの要求とのバランスを上手に取る方法でもあります。赤ちゃんはやがて、お母さんのヨーガの時間は特別な時間なのだと悟り、受け入れ、尊重してくれるようになるでしょう。

この本に登場するお母さんたち

この本に登場するのは、すべて実際の親子です。クラスに通っている親子もいますし、この撮影で初めてヨーガに挑戦した親子もいます。ほとんどのお母さんは産後のエクササイズを赤ちゃんと一緒にできるかどうか、半信半疑でした。まったくの初心者から、ヨーガ経験のあるお母さん、それにヨーガの先生にもモデルになってもらいました。経験や運動能力に関わらず、どの親子にもそのヨーガがぴったり合いました。

赤ちゃんや小さな子供と過ごす一日は、動き回ったり休んだり、楽しんだりイライラしたり、行き詰まったり、かと思えば突然うまくいったり、常に変化の連続です。撮影の時もそうでした。本当に素晴らしいことに、どんな状況にも合うマッサージやヨーガがありました。皆、来た時よりも笑顔で帰っていきました。ほんの短いヨーガでも、お母さんたちにとっては新しいやり方で赤ちゃんとふれ合うチャンスになったのです。

赤ちゃんたちは、自由な空間でマスターしたばかりの動きを披露してくれました。シンプルなベビーヨーガが、首すわり、寝返り、お座り、ハイハイといった初期の発達に何よりも効果があると証明されました。初めて寝返りができた赤ちゃんもいましたし、「もう何週間も四つん這いでがんばっているのだけど…」とお母さんが話してくれた直後に、とっても上手にハイハイをし始め、周囲を驚かせた赤ちゃんもいました。

赤ちゃんの発達が遅いと、お母さんは悩むものです。刺激が少なすぎるの？ それともテレビや人工的なおもちゃを与えすぎて、体と体のふれ合いが足りないの？ ヨーガマットの上で答えが見つかるかもしれません。そこは赤ちゃんがどれだけ成長し、学習したかを見せてくれる舞台であり、私たち母親に赤ちゃんとどう接すればいいのかを教えてくれる場所なのです。

なぜベビーマッサージとベビーヨーガをするの?

マッサージやヨーガは、赤ちゃんに愛情をしっかりと伝えられる方法です。科学的調査でも、赤ちゃんの脳のすこやかな発達のためには、スキンシップと体を動かすことが重要であることが明らかになっています。触覚は妊娠4週目の胎児期から発達を始めますが、肌への刺激が脳へうまく伝達され、合理的で情緒的な反応になるまでには2年かかります。このような神経回路の発達は、赤ちゃんが育つ環境に大きく左右されるので、この時期に肌から他者とつながる感覚、刺激とリラックス、落ち着きと癒しを経験することはとても大切です。赤ちゃんが安心して広い世界を探検しに行くには、一番近くにいる大人との質の良い交流が必要なのです。

お母さんから離れてベビーベッドやキャリアに寝かされっぱなしの赤ちゃんもいるかもしれません。でも、ベビーヨーガなら、赤ちゃんと積極的にふれ合うことができ、さらにはきちんと段階を追ってだんだんダイナミックな動きを加えていくことができます。そうすれば空間認識をつかさどる脳の前庭機能が強化され、正しい姿勢、バランス感覚、柔軟性、そして機敏さの基礎が築かれるのです。

身体的効果

新生児にとって最も大切でデリケートな営みは消化です。スキンシップとやさしいヨーガ体操は、赤ちゃんが栄養を消化するための最良の手助けとなります。コリック(疝痛《せんつう》、30ページ参照)に対する治療法はまだありませんが、赤ちゃんをゆったりと抱っこして歩けば、ご機嫌の悪い赤ちゃんを(そして親たちのストレスも同時に)、うまくなだめることができるかもしれません。赤ちゃんはよくおなかにガスがたまったり、便秘したりしますが、マッサージやヨーガで簡単に対処してあげることができるので、ガスや便秘で苦しむ赤ちゃんは大いに助かります。なだめたりあやしたりする動きもたくさんあるので、多くの新米お母さんが抱える、泣きやませるために授乳に頼るか、それとも授乳時間を守ってそれまで泣かせておくか、というジレンマも減っていきます。

消化が良く適度な身体的刺激があれば、赤ちゃんはよく眠るので、発育が良くなり、赤ちゃんの満足度も増します。そうすれば赤ちゃんは一段と可愛らしくなります。マッサージは、赤ちゃんの呼吸を深く正しくしてくれると共に、血の巡りを良くしてくれるので、深く長い眠りにつながります。

赤ちゃんの夜泣きでお互いに睡眠不足。くたくたに疲れて絶望的な気分だったとしても、心配しないで。この本では、そんな憂うつなネガティブ・スパイラルから抜け出して、喜びと幸せを感じるポジティブ・スパイラルに戻るための簡単な方法をたくさん紹介しています。また優しい抱っこ、足のマッサージ、簡単なヒップ・シークエンスなどの身体的刺激は、赤ちゃんのご機嫌を直したい時に効果抜群です。そしてお母さんが赤ちゃんの笑顔に明るく応えてあげれば、赤ちゃんは万事うまくいっているのだと、心の平安を強めることができます。

生理学的効果

妊娠中から産後にかけて、女性の体にはオキシトシンという、リラクゼーションや親子の結びつき、それに授乳と関係のあるホルモンが分泌されます。ベビーマッサージやヨーガには、このオキシトシンの働きを助ける効果があり、また、愛情をこめたスキンシップは、コルチソルのようなストレスホルモンの分泌を抑制してくれます。出産後すぐ親子が互いに深い愛情を感じることは、実はそんなに多くありません。とりわけ、出産がスムーズではなかった場合はそうです。親子の絆は日々少しずつ強まっていくものです。赤ちゃんとマッサージやヨーガを楽しめば、そこで得られるいろんな感覚によって、親子の絆がより強く結ばれていきます。

自分への気づきを高めていくのがヨーガです。親子リラクゼーションの基本は、ストレスがどのように自分や赤ちゃんに影響しているのか、気づきを得ることです。赤ちゃんがぐずり始めるサインに気づいたら、簡単リラックス法で赤ちゃんを安心させ、あなた自身も落ち着くことができます。子供とは母親から離れてはまた戻ってくるものですが、愛情あふれるスキンシップとヨーガは、いつでもお母さんのもとへ戻れるという信頼を強めます。

一般的に、ネガティブな感情の時には赤ちゃんにマッサージをしない方が良いとされています。でもバースライトがおすすめするのは、そんな時こそ、赤ちゃんと一緒にネガティブをポジティブに変容する力があると強く信じること。歩きながらのリラクゼーション、リズミカルに優しく揺らす、そしてマッサージなどの簡単な動作を歌いながら行えば、喉が開いて心も軽くなり、愛と感動のもと、親子の絆を結び直すことができるのです。もちろん、そんなに簡単にはいかないかもしれません。でも、やってみる価値はあります。赤ちゃんの成長に対応していける、という自信は、母親としての自覚につながり、赤ちゃんはご機嫌が悪い時でもあなたを心から慕ってくれるようになるでしょう。それに、一緒に体を動かすことでエネルギーだってわいてくるのです。

さあ、赤ちゃんの気持ちになってみましょう。マッサージとヨーガを通じて、赤ちゃんが静けさを楽しんでいるとか、思ったより大きな動きも好むなど、あなたは赤ちゃんの感情に敏感になっていきます。マッサージやヨーガを定期的に行うことで、赤ちゃんが自分の感情をコントロールする能力を、あなたが高めてあげられるのです。赤ちゃんは、興奮しすぎて限界を超えて泣きわめくこともなくなり、上手に気持ちを静めるようになりますし、楽しい時にはいきいきと反応するようになります。外界からの刺激と自己のバランスを上手に取っていけるようになるのです。

赤ちゃんが幼児へと成長する中で、ヨーガの時間は自由でニュートラルな時間です。子供たちは安心して感情を表現し、他者との境界を理解していきます。ふれ合い方や体操もより複雑になり、言葉や想像力を使った遊びを通して、信頼関係を築いていくようになります。

いつ、どこでする？

この本では標準的なマットを使いますが、インドの田舎のお母さんたちにはマットなどありません。絶対に必要な道具などないのです。赤ちゃんが嫌がらず快適であることを確認したら（一番大切なのは室温です）、準備は整いました。もしも一連の動作のうちに赤ちゃんが嫌がるものがあれば、数日間はその動きを避けて、その後もう一度、流れの中に取り入れましょう。始めたての頃は、予測もしなかったようなことが起きたり、しょっちゅう中断せざるをえなかったりします。こうしたことに対処するには、受容と忍耐を培《つちか》うことが必要です。将来あなたの赤ちゃんが一番よく覚えているのは、お母さんと一緒の充実した時間の中で、自分がいかに慈《いつく》しまれ、大切にされたかということなのです。

赤ちゃんの合図（ベビー・キュー）を理解する

最初にまず、さわられることや運動することを赤ちゃんが受け入れてくれるかどうかを確認しましょう。赤ちゃんからの合図《ベビー・キュー》に応えてあげることが最優先です。

● 赤ちゃんの「イエス」は、目を覚ましていて、よく反応してくれることです。大きな目でじっと見たり、手をこちらへ伸ばしたり、かわいらしい声を出したり、笑ったり、手足を元気よく動かしていたら、「イエス」です。この状態で始められれば理想的です。

● 赤ちゃんの「ノー」は、体を使って伝えられます。背を向ける、泣く、あくびやしゃっくりをする、おでこに皺を寄せる、顔をしかめるなど。これを聞いてもらないと、さらに強い合図を出すかもしれません。蹴ったり、突き放したり、背を反《そ》らせたり、顔を青くしたり赤くしたり。そして、もっと大きな声で泣き出すでしょう。「やめて」と言うように手を伸ばしたり、手足をバタバタと動かしたり、あるいは突然曲げ伸ばしたりするかもしれません。静かな状態から突然不安定な状態になるのも拒絶の合図です。反応が鈍《にぶ》くなったり、無反応になったりすることもあります。分かりにくいサインですが、嫌がっていることに気づいてあげなければいけません。

マッサージやヨーガの時間

お母さんに時間があり、赤ちゃんの機嫌が良い日は、長めのマッサージやヨーガをするチャンスです。でも、短時間でも目いっぱい楽しめますし、1-3分で赤ちゃんとしっかりふれ合うこともできます。

● 短い時間で（5-10分）：自宅で生後4ヶ月未満の赤ちゃんと入浴前にやるには理想的な時間ですが、昼間の外出先でもできます。マットや敷物があれば場所を作れます。歌や身ぶりなど好きな合図を選んで、始まりと終わりを赤ちゃんに伝えてあげましょう。

● 長い時間で（10-30分）：家で生後4ヶ月以上の赤ちゃんにマッサージとヨーガとリラクゼーションを組み合わせて行うには最良の長さです。きちんとセッティングをし、始まりと終わりのあいさつを決めれば、これを習慣にできるでしょう。

もし赤ちゃんがあまり熱心そうでなくても、ここに上げた「ノー」の合図を出していなければ、いつでも中断するつもりで少しずつ始めてみましょう。赤ちゃんは、はっきり意思表示をしますが、同時に無防備な存在でもあります。赤ちゃんの合図を理解してあげるのは、私たち大人の責任です。

準備はできましたか?

基本の自己チェックリストを一通り確認しましょう。まず、あなたが心地良い状態ですか? アイコンタクトを取り、優しい表情でゆっくりと話し、赤ちゃんとペースを合わせます。今から何をするのかを伝え、ヨーガの場所を作ります。3回深呼吸をして、今に意識を集中しましょう。そうやって、赤ちゃんにすっかり向き合う用意ができたことを示します。一緒にヨーガする習慣ができあがったら、赤ちゃんは優れたユーモア感覚を見せ、ちょっと驚かせたりふざけたりすると大喜びします。もし何日か一緒に身体を動かす時間が取れなかった時は、必ずその前に赤ちゃんが喜んだ動作に戻って始めるようにしましょう。

始める前に

お母さんが落ち着いていると赤ちゃんも落ち着きやすいということに、もうお気づきですか。音楽には気持ちを落ち着けてくれる効果があります。リラックスできる音楽を選んで、できれば一緒に歌いましょう。赤ちゃんの好むリズムで、少し高めの柔らかい声で、ゆっくりと。赤ちゃんは、生まれて間もなくお母さんの声の調子や感情に反応し始め、おしゃべりを始めるずっと前からリズムに乗ることができます。繰り返される言葉と行動をすぐに結び付けますので、お母さんが今何をしようとしているのかを口に出したり、簡単な歌を歌ってあげたりするといいでしょう。そうすれば、赤ちゃんは次第に「対話」に加わるようになり、お母さんは赤ちゃんの気持ちをさらに理解できるようになります。でも急がないでください。外部からの刺激に対応する赤ちゃんの能力は、その知覚に過剰な負担がかからないよう、少しずつ発達していくからです。

1 まず、両手の3本の指（人差し指、中指、薬指）を使って自分の額をマッサージします。

2 鼻の脇（小鼻の少し上）からほお骨の上に向かって線を描くように動かします。

リラックスできる環境を作りましょう

始める前に、外の世界で何が起きても赤ちゃんに集中できる環境を作ることが大切です。足踏みをしたり、両手を振って、緊張や不安を取り除いておきましょう。こぶしを握り「ハッ」と言いながら開きましょう。ヨーガができる精神状態になっているかどうか、赤ちゃんとの時間に没頭できる準備ができているかどうか、自分に問いかけましょう。赤ちゃんと気持ちを合わせられるようリラックスできていますか？ 赤ちゃんの精神状態を整えてあげられるよう落ち着いていますか？ 赤ちゃんを見つめ、耳をすませ、観察し、赤ちゃんから学ぶ用意ができているかどうか、自分に尋ねてみましょう。心地よく安定した状態でいることが大事です。もし床に座ってやるのが落ち着かないなら、テーブルやソファ、低いベッドなどでマッサージをする準備をしましょう。

赤ちゃんはお母さんの匂いが大好きです。だから香水はつけないで。靴を脱いで、深呼吸を3回して、今に意識を集中します。まばたきを3回して、あごをリラックスさせ、肩を数回、前と後ろに回します。胸に両手を当て、愛するものすべてとつながっていることを感じてください。

3 こめかみを、指で小さな円を描くようにくるくるとくり返しマッサージします。内回りに動かすと、高いリラックス効果を得られます。

4 こめかみから下あごに向かって手をすべらせます。リンパ腺を意識し、下あごの緊張をほぐすように優しくなでます。この動作には笑顔をもたらす効果もあります。

赤ちゃんの基本的な抱き方

子宮という小さい空間からこの広大な世界への旅を終えたばかりの赤ちゃんを、リラックスできる体勢でしっかりと抱っこしてあげましょう。包み込む抱き方は赤ちゃんを安心させる最も基本的な方法で、手足をたたんだ胎児の頃のような姿勢が再現でき、赤ちゃんはお母さんの腕の中で安心して身を委《ゆだ》ねてくれるでしょう。赤ちゃんが力を抜くことができるリラックス抱っこにも同じ効果があり、こちらは丸くなっている赤ちゃんの背骨を伸ばしてあげることができます。この時点ですでに赤ちゃんにメロメロでも、まだ我が子への愛を強く実感していなくても、赤ちゃんとの親密なふれ合いは、赤ちゃんが小さいうちから早く始めて長く続けることが、ゆるぎない親子の絆を築くことにつながります。やがてあなたは、赤ちゃんが今どんな気分なのか、しっかり目は覚めているけれどちょっとご機嫌が悪いとか、まだ眠くて起こされるのはごめんだとか、分かってくるようになるでしょう。赤ちゃんの姿勢をスムーズに変えられるようになるまで、これらの抱き方を練習しましょう。

基本の抱き方で優しくなでてあげるだけでも、赤ちゃんは落ち着きます。

ゆりかご抱っこ

片方の腕のくぼみに赤ちゃんを抱きかかえ、手は太ももを支えます。もう一方の手はお尻と背中を支えます。ゆりかご抱っこでお母さんが自分の体を優しく横に揺すれば、赤ちゃんが最高に喜ぶゆりかごの出来上がりです。

安全なリラックス抱っこ

片方の腕を止まり木のようにして赤ちゃんを寄りかからせ、もう一方の「イスの手」で赤ちゃんのお尻を支えます。月齢が高くなってきたら、止まり木の腕を伸ばして、開いた手の親指と人差し指の間を使い、しっかりと赤ちゃんのわきの下を支えます。こうするとお母さんも自由に動きやすくなります。

縦抱っこ

縦抱っこには赤ちゃんをなだめる効果があり、お父さんにやってもらうと喜びます。自然な頭の位置が保てるように、赤ちゃんの胸が自分の胸か肩に来るようにします。月齢の低い赤ちゃんは、片手で頭を支えてあげましょう。

片手のリラックス抱っこ

今までの3種類の抱き方をマスターし、赤ちゃんの体勢を変えることに慣れてきたら、片手でも安全に抱っこできます。赤ちゃんをあなたの腰骨に座らせて、肩から胸に向かって体を覆《おお》うように腕を下に回し、股《また》の部分を支えます。この体勢からゆりかご抱っこに戻すには、体の前で赤ちゃんをすべらせ横向きにして、もう片方の手でお尻と背中を支えます。

なだめる時の抱っこ

ゆりかご抱っこから慎重に赤ちゃんの体を回して、赤ちゃんの背中が自分のおなかに当たるようにしたら、股《また》の間を通って手をおなかに当てます。もう片方の手は赤ちゃんの胸の前で肩と腕を包みます。こうすればおなかをなでてあげることもでき、授乳の後でおなかを痛がったり、しゃっくりや吐き戻しをしやすい赤ちゃんには最良の抱き方です。この抱き方でゆっくりとリズムに乗って歩くのは、赤ちゃんを自然に寝かしつけられる良い方法です。

げっぷの時の抱っこ

世界中で多くの人々が、赤ちゃんを縦抱きにしてげっぷを出させています。太ももの上に赤ちゃんを座らせてみましょう。両方の手で胸と背中を支えてあげれば、新生児でも大丈夫です。胸を支えている方の手を広げ、親指と人差し指が赤ちゃんの両方の耳に来るようにして、顔を支えてあげます。自然にげっぷが出なければ、背中に当てた手を下から上に優しくなでてあげましょう。

包み込む抱き方

疲れていたり怒って泣きわめいている時、「包み込まれる」感覚があると赤ちゃんは安心して落ち着きます。赤ちゃんを布でくるむことには賛否両論ありますが、この包み込む抱き方を否定する声は聞きません。ここで紹介する抱き方は、カンが強くて怒りっぽかったり、泣き始めるとすぐに大泣きになってしまうような赤ちゃんを落ち着かせるのに特に効果があります。赤ちゃんを安心させ、落ち着かせることができると、お母さん自身も落ち着きを取り戻して、赤ちゃんの要望に応えているという自信を持てるようになってきます。

頭を包む抱っこ

赤ちゃんが痛い思いをした後や、大泣きが一段落した時、あるいは単にもっと快適にしてあげたい時、この抱き方を試してみましょう。あぐらをかいて座り、その上に赤ちゃんを横たえます。片方の腕を赤ちゃんの足の方から軽く体の側面に添わせて肩を支え、もう一方の手をお椀形にして赤ちゃんの頭を包み込んであげます。赤ちゃんが落ち着いてきたら、次に紹介する簡単リラックス抱っこに移りましょう。

ゆらゆら抱っこ

あぐらをかいて座り、赤ちゃんの両足をしっかり包み込んで抱っこします。上下に優しく揺らしながら、大丈夫だよ、とおだやかに語りかけてあげましょう。

簡単リラックス抱っこ

あぐらをかいた上に赤ちゃんを座らせ、その頭に自分のあごを乗せます。しばらくの間、足をしっかり握ってあげます。その手をいったんゆるめてリラックスさせ、またぎゅっと握ります。赤ちゃんが落ち着くまで、これを2、3回くり返します。赤ちゃんの頭の上に片手を置き、もう一方の手で両足を握ってあげてもいいでしょう。赤ちゃんがあお向けの時にこれをやってあげることもできます。

第1章 ベビーマッサージ

抱っこに自信がついてきたら、日々のお世話に少しずつマッサージを取り入れていきましょう。まずは服を着たままのドライマッサージから始め、徐々にオイルを使ったマッサージに進めていきます。裸にされるのを嫌がる赤ちゃんは、足のマッサージか、オイルなしのこんにちはのストローク(37ページ)からヒップ・シークエンスに移るといいでしょう。どんな赤ちゃんでも、最初はまず足から太ももをマッサージして信頼関係を築きます。2週間ほどかけて慣らせば、生後6週間ぐらいから全身マッサージを楽しめます。

ベビーマッサージは2つのテクニックに基づいています。1つ目は、両手を柔らかくして少し圧力をかけながら流れるようにさするエルフラージュ。生まれたばかりの赤ちゃんでも、しっかりと触れられると心地良く感じます。原則として、体の末端から心臓に向かう時には少し強めに、心臓から末端に向かう時は弱めに流します。自分にとって心地良いリズムを見つけましょう。常にどちらかの手が赤ちゃんに触れているようにします。

2つ目は、親指の腹で小さく深く押し込む動きのフリクション。足、手、顔などの狭い部分に適しています。赤ちゃんには、親指の腹でごく軽く小さな円を描くようにさすり始め、赤ちゃんの好みに応じて徐々に力を加えてみましょう。

どんなマッサージが好きかは赤ちゃんによって違います。どんな時に喜ぶか、どこをさわると嫌がるかなど、赤ちゃんの合図《ベビー・キュー》をよく観察し、赤ちゃんのご機嫌と好みに応じていろいろ調整してみましょう。速い動きは赤ちゃんの筋肉を強化し、ゆっくり優しい動きは赤ちゃんを落ち着かせ、リラックスさせることができます。

「始まりのタッチ」で必ず赤ちゃんにあいさつしましょう。赤ちゃんの胸に軽く手を当て、イエスの合図《キュー》を確認してから服を脱がせ、マッサージを始めます。

下半身のマッサージ

たいていの赤ちゃんは、まず脚からマッサージされるのを好みます。脚全体をなで、足とおなかへ進みます。とにかくリラックスして、心からの愛情をこめて触れてあげましょう。自信がなくてもまずはやってみて。きっとうまくできると信じましょう。

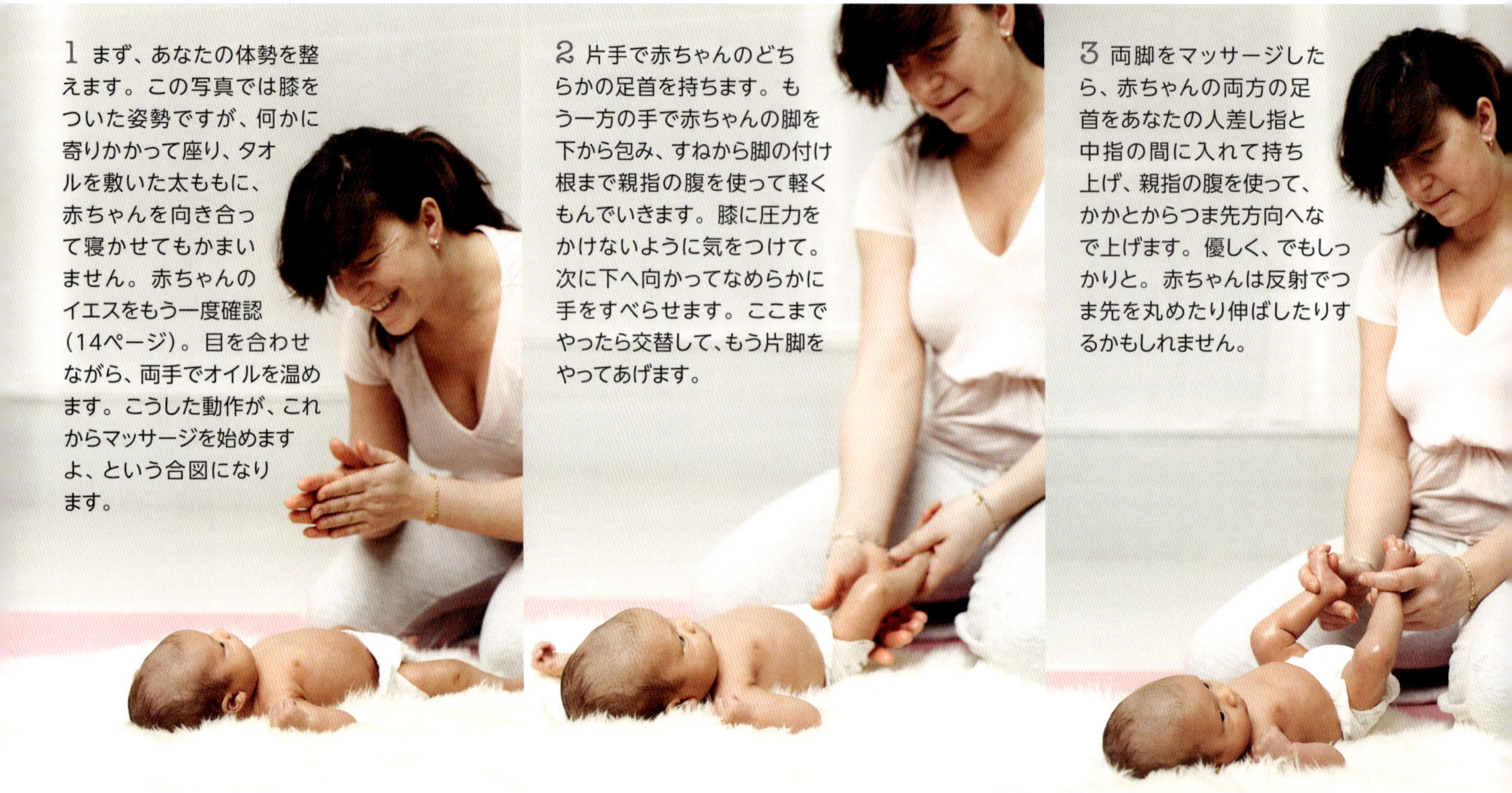

1 まず、あなたの体勢を整えます。この写真では膝をついた姿勢ですが、何かに寄りかかって座り、タオルを敷いた太ももに、赤ちゃんを向き合って寝かせてもかまいません。赤ちゃんのイエスをもう一度確認（14ページ）。目を合わせながら、両手でオイルを温めます。こうした動作が、これからマッサージを始めますよ、という合図になります。

2 片手で赤ちゃんのどちらかの足首を持ちます。もう一方の手で赤ちゃんの脚を下から包み、すねから脚の付け根まで親指の腹を使って軽くもんでいきます。膝に圧力をかけないように気をつけて。次に下へ向かってなめらかに手をすべらせます。ここまでやったら交替して、もう片脚をやってあげます。

3 両脚をマッサージしたら、赤ちゃんの両方の足首をあなたの人差し指と中指の間に入れて持ち上げ、親指の腹を使って、かかとからつま先方向へなで上げます。優しく、でもしっかりと。赤ちゃんは反射でつま先を丸めたり伸ばしたりするかもしれません。

オイルを使う

刺激を和らげ、肌のすべりを良くするために、オーガニックか植物性の低温圧搾オイルを使用しましょう。日本では、ホホバオイル、グレープシードオイル（夏場）、セサミオイル（冬場）が、手に入りやすく、ベビーマッサージに適しています。免疫に影響があるかもしれないので、ラベンダーであってもエッセンシャルオイルは使用しないように。石油系の鉱物油や、マッサージ用に市販されている乳液やクリームも使用しないでください。特に心臓に向けたマッサージや毛の流れに逆らうマッサージには避けます。

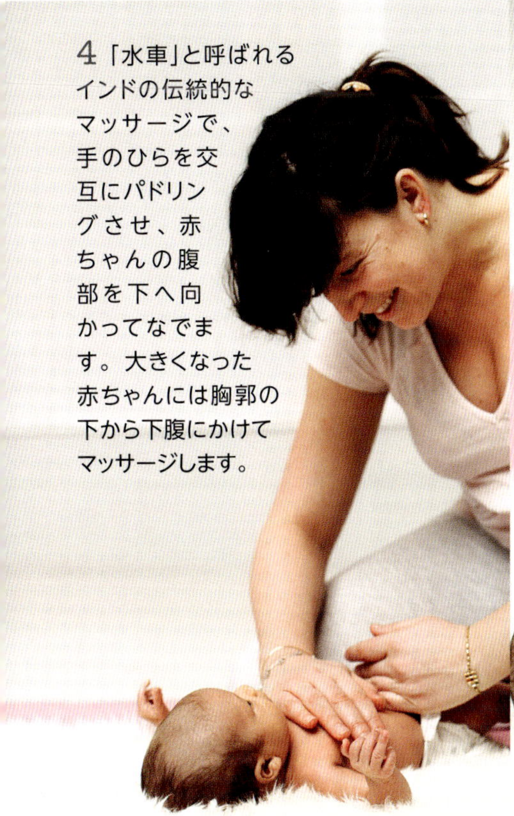

4 「水車」と呼ばれるインドの伝統的なマッサージで、手のひらを交互にパドリングさせ、赤ちゃんの腹部を下へ向かってなでます。大きくなった赤ちゃんには胸郭の下から下腹にかけてマッサージします。

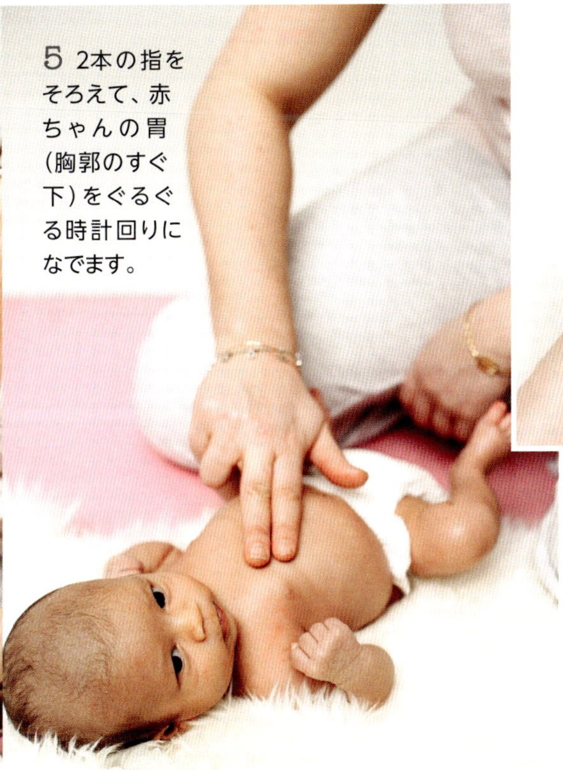

5 2本の指をそろえて、赤ちゃんの胃（胸郭のすぐ下）をぐるぐる時計回りになでます。

6 お尻を持ち上げないよう注意しながら、両手を体の側面から腰の下まですべらせます。続いて太ももの裏側から足首まですべらせたら、優しく足首を握ってマッサージを終わらせます。初めてのマッサージはこれで十分。この流れで2、3日やってみましょう。やがてこれが、2人にとってリラックスできる習慣になるでしょう。

注意事項

- 赤ちゃんが眠っている時や授乳直後はやめましょう。マッサージすると消化器官の血流が皮膚へ流れてしまうので、授乳後最低30分間は待ちましょう。
- 赤ちゃんに熱がある時、怪我をして内出血や腫れがある時、皮膚に傷や赤みが出ている時、手術後、それに予防注射の後は、マッサージを控えましょう。
- 新生児にマッサージできるのは、おへそがしっかり乾燥しており、黄疸が出ていない場合だけで、刺激の与えすぎには注意しましょう。10分間のマッサージを少しずつ習慣にしていき、赤ちゃんが慣れて喜んでいることがしっかり確認できたら、次のステップに進みます。
- 赤ちゃんの股関節を動かすと音がしたり、何か異常があれば、お医者さんに診てもらいましょう。

足のマッサージ

リフレクソロジーは、足の裏の特定部位を押すと体の特定部位に変化が起こる現象を活用しています。ですから、足裏全体をマッサージすることで、消化機能を高めたり、交感神経をリラックスさせたり、歯が生えてくる際の痛みを和らげたり、耳や鼻のつまりを解消させたりと、赤ちゃんの全身に良い効果が期待できます。片足ずつ優しくマッサージしてあげましょう。

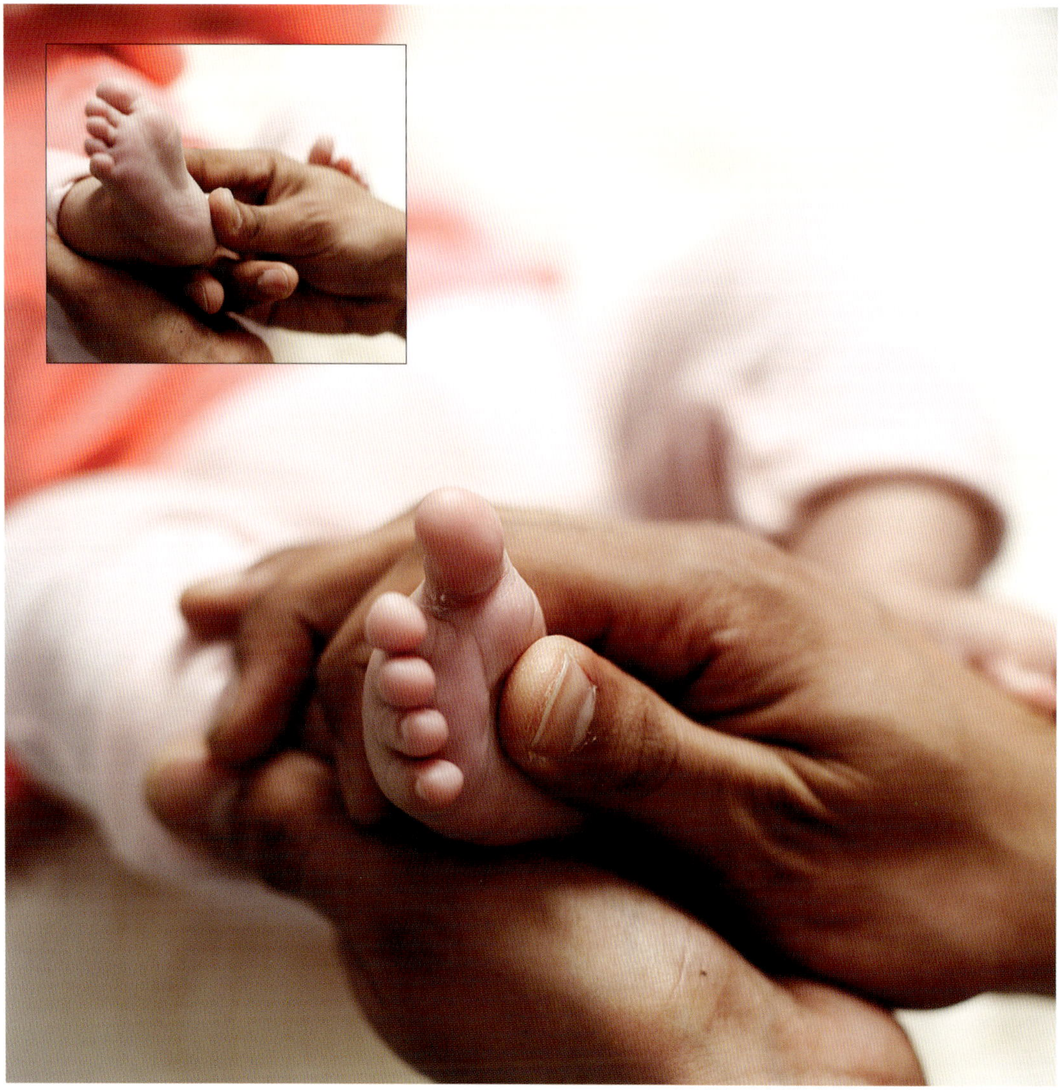

1 赤ちゃんの足首を片手で支え、まずかかと部分から、あなたの親指を中央から左へ、中央から右へとすべらせ、外向きの圧力を加えてマッサージします。かかとから一段ずつ上へ進み、途中で土踏まずのやや上の「湧泉《ゆうせん》」と呼ばれるツボを数秒間押し、残りの部分へ進みます。

これを3回くり返してください。

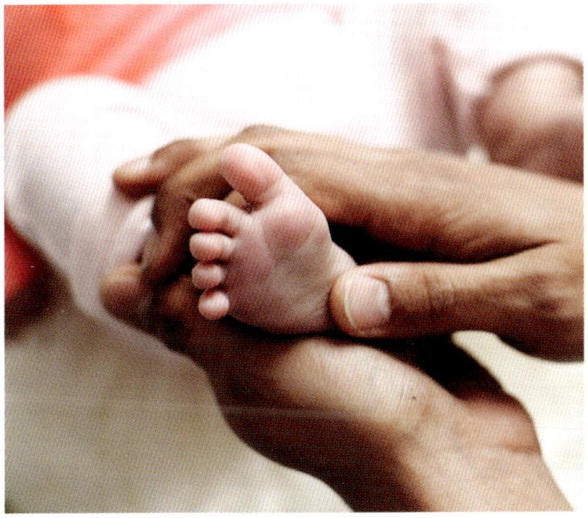

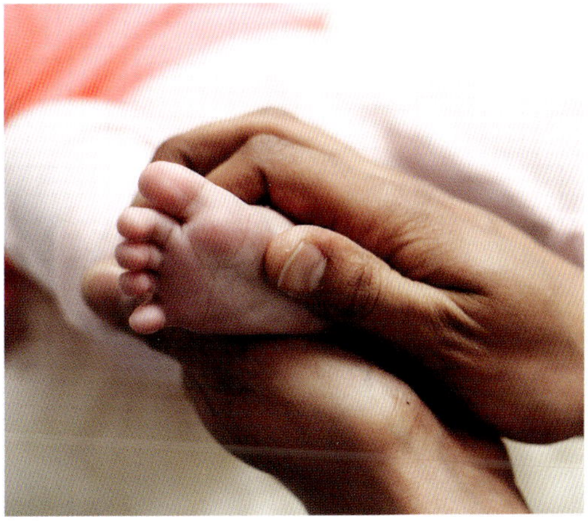

2 親指の腹を使い、土踏まずのへこみ部分を、赤ちゃんの足裏の中央から親指側のふちに向かって3回なでます。このマッサージは、赤ちゃんの消化機能を高めます。

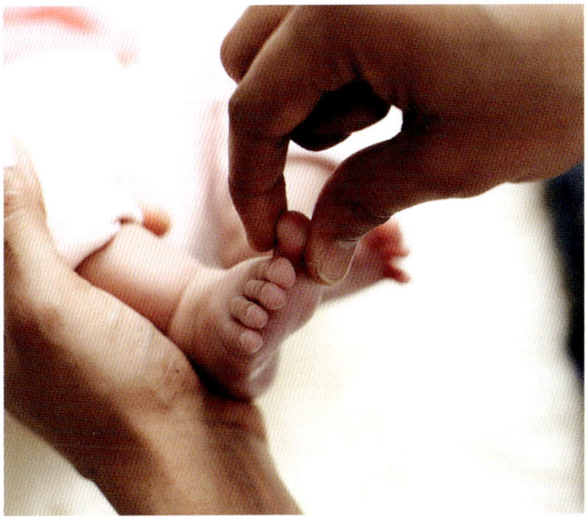

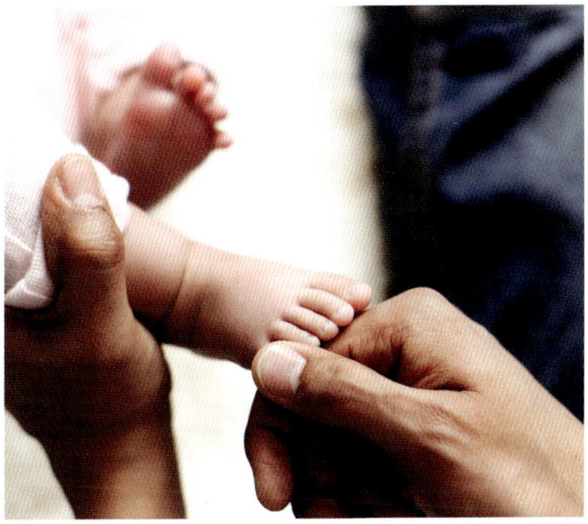

3 赤ちゃんの足の指をつまみ、指の付け根からつま先に向かってくるくる回していき、つま先を優しく押さえ、離します。親指から始めて小指まで順にやってあげましょう。

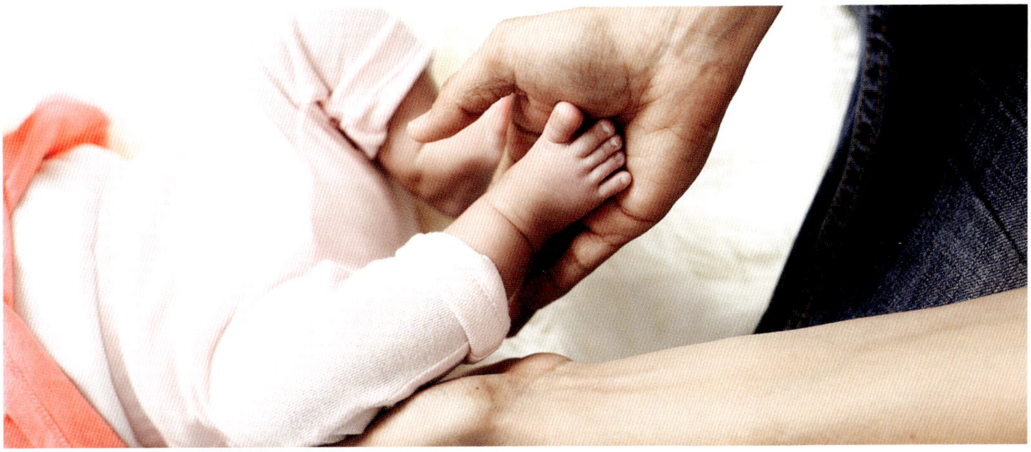

4 ここまで全部終わったら、赤ちゃんの脚を優しく支えて、手のひらの上で小さな足を数秒間休ませてあげましょう。深呼吸をしてリラックスしてください。

上半身のマッサージ

スキンシップを通じて赤ちゃんの心に寄り添うと、その愛情を感じ取り、赤ちゃんの脳に幸せを感じる化学物質が生まれます。マッサージは力の入れ方に注意して、最初はごく軽く、赤ちゃんが嫌がるなら無理は禁物です。笑顔を忘れずに。特に赤ちゃんが不安そうな時は、あなたの笑顔が大切です。

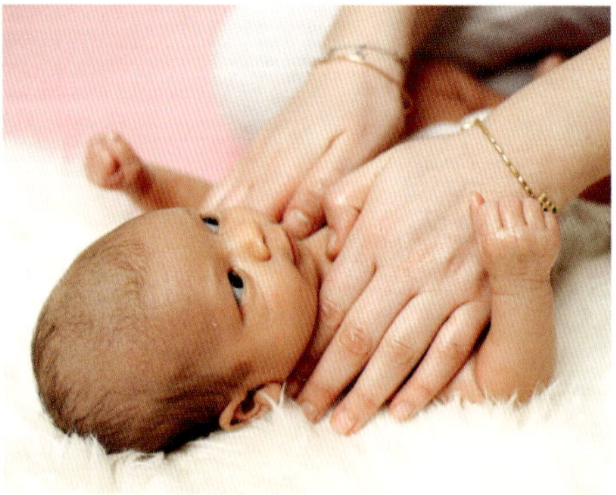

1 手のひらを赤ちゃんの胸に当て、もう一度赤ちゃんのイエスを確認しましょう。胸のマッサージに慣れるのに時間がかかる赤ちゃんもいます。

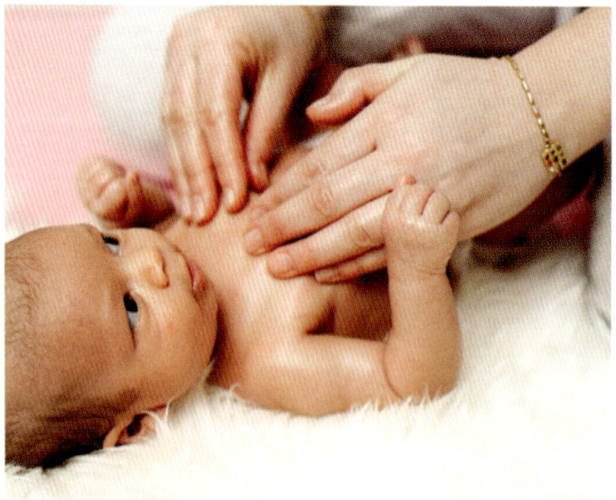

2 胸から首の方へ両手で軽くなでてみましょう。赤ちゃんが楽しんでいる様子なら3へ、体をこわばらせていれば4へ進みます。

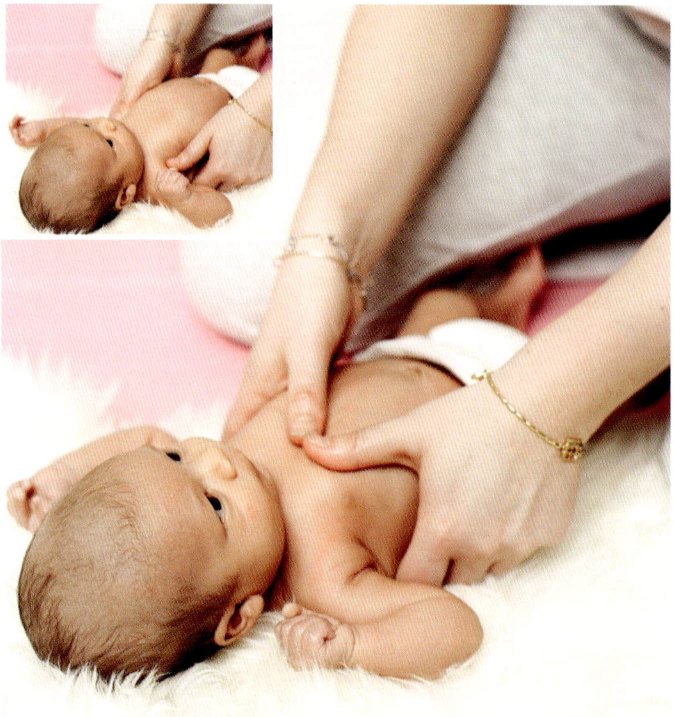

3 両手の親指の腹で胸の中心からくるくると半円を描くようにして、首の方へ向けてマッサージします。そこから左右に別れて下の方へ進み、また胸の中心へ戻ります。

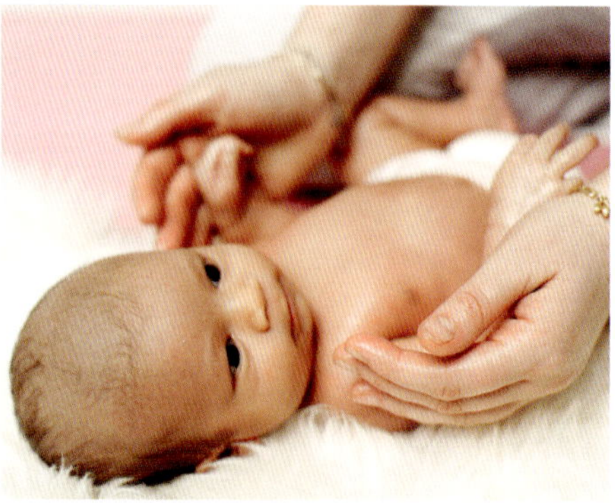

4 両手を肩へすべらせます。肩から手先の方へ、ゆっくりなめらかになでてみましょう。赤ちゃんはリラックスして手を開くかもしれませんが、無理に開こうとはしないでください。

5 4で赤ちゃんが喜んでいたら、今度は片腕ずつマッサージしていきましょう。赤ちゃんの手首を持ち、もう一方の手で肩から手先に向かってなで、手先までいったらまた肩までなでてあげます。

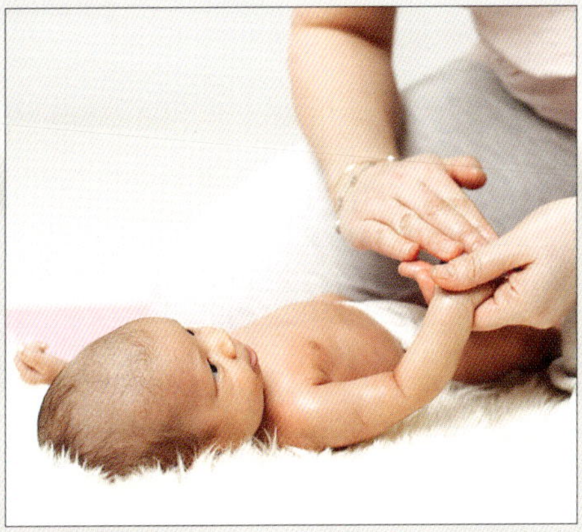

6 最後に指のマッサージです。月齢の低い赤ちゃんには、指を握らせると握りしめる把握反射が残っているので難しいかもしれません。手を開かなかったら、また別の日にやってみましょう。もし開くようであれば、片手で赤ちゃんの手首を支え、もう一方の手の親指と人差し指で赤ちゃんの親指を優しくもみほぐします。指の付け根から指先に向けてもみ、最後に優しく爪を押します。他の指も同じようにしてください。

頭と顔のマッサージ

赤ちゃんの顔は非常に敏感な部分です。赤ちゃんの額は指で優しくなでてあげることで、リラックスの作用があり、深い眠りへといざないます。

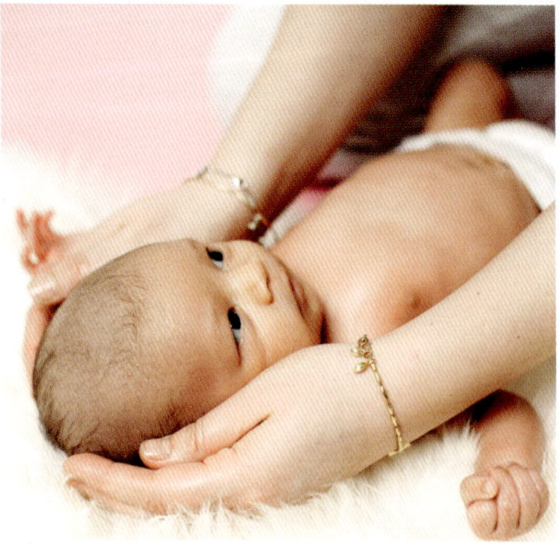

1 両手を椀形にして赤ちゃんの頭を包んであげましょう。赤ちゃんはご機嫌ですか。

2 親指の腹で小さな円を描くように、額からこめかみに向かって指を動かし、耳の後ろまで進めます。これを3回くり返します。

3 親指の腹であごをなでてあげましょう。赤ちゃんがご機嫌なら、小鼻の脇から耳に向かい、頬骨に沿ってマッサージします。口の周りに触れると赤ちゃんがおっぱいやミルクを欲しがるかもしれないので、慎重にやりましょう。

背中のストローク（なでる）

背中のマッサージは、背骨の湾曲がなくなってくる生後2ヶ月頃まで待った方が良いかもしれません。月齢が低い赤ちゃんは頭を左右どちらかに向けて、必ず気道を確保しましょう。

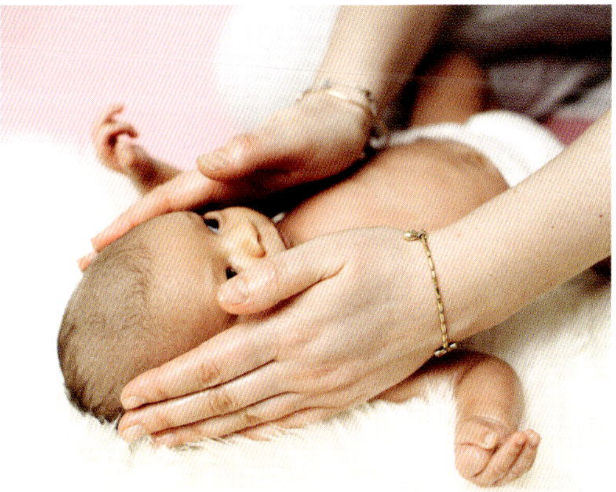

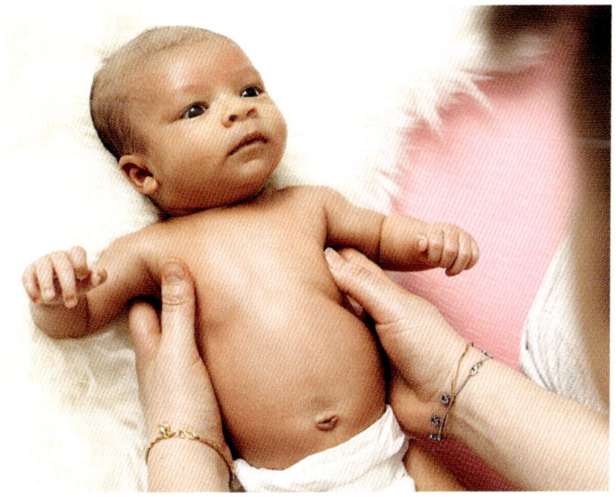

赤ちゃんへのマッサージのしめくくりは、背中の長いストロークです。両手のひらを赤ちゃんの頭の側面から肩と腕の後ろを通ってお尻まですべらせます。3回くり返しましょう。ゆっくり静かになでて、マッサージの終わりを伝えてあげましょう。赤ちゃんはそのまま眠ってしまうかもしれません。

または、赤ちゃんを横向きに寝かせ、片手で胸を優しく支えてあげて、もう一方の手を頭のてっぺんから腰まですべらせるやり方もあります。こうすると包み込むような格好になるので、赤ちゃんは安心して眠ってしまうかもしれません。

歌を歌ってあげる

マッサージ中に赤ちゃんに歌を歌ってあげましょう。自分の好きな童謡や自作の歌を歌ってあげます。これから何ヶ月も、何年にもわたって、赤ちゃんにとってお母さんが一番の歌姫。どんなに調子外れでも、単純な歌でも赤ちゃんはとても喜びますし、歌が脳の発達を促すことも知られています。

ガス、便秘、コリックに効くマッサージ

コリック(疝痛《せんつう》。別名「たそがれ泣き」)については分かっていないことが多く、病気ではないとされていますが、吐き戻しと共に、親にも赤ちゃんにも大きなストレスです。こうした症状は成長につれてなくなっていきますが、それまではマッサージが有効です。これは単なる方法論ではありません。お母さんの不安は赤ちゃんに伝わるので、マッサージしながら、まずはあなた自身が安心を取り戻し、緊張を取るのです。そうすれば、もっと余裕を持って赤ちゃんを助けてあげられるようになります。

注意事項

- 赤ちゃんの腹痛については、お医者さんや保健士さんに相談してみましょう。ガスや便秘のせいなのか、消化不良なのか。それとも他に健康上の問題があるのかもしれません。
- コリックの発作の最中にはマッサージをしないように。いつもコリックが始まる30分～1時間ほど前(夕方が多いでしょう)、赤ちゃんが痛がり出す前にやってあげるのが良いでしょう。

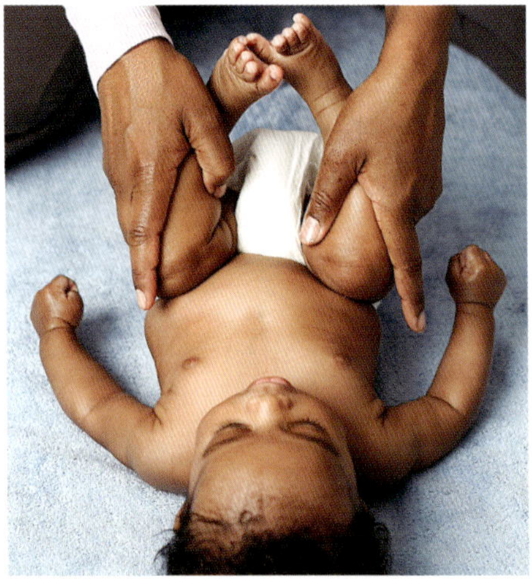

1 赤ちゃんの向うずねを握り、脚を優しくおなかの方に押しつけて、ゆるめます。これを3回行います。この「膝をおなかへ」の動きが、緊張や痛みを和らげます。

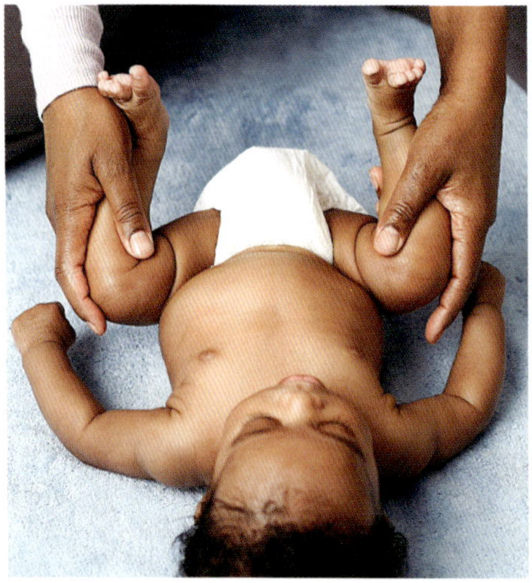

2 赤ちゃんが喜んでいたら、膝で外側に向かって円を描くように3回、回してみましょう。お尻がマットから浮かないようにしてください。

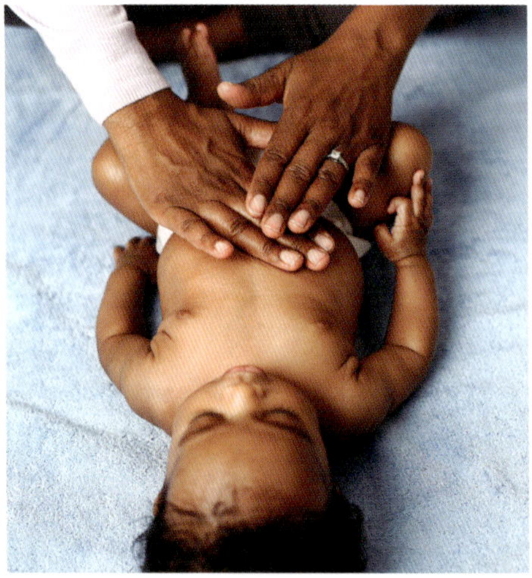

3 両手を重ねて赤ちゃんのおなかに当て、固くなったりふくらんでいないか確かめましょう。少し押してみて、気持ち良さそうにしていなければ手の力をゆるめます。ちょうど良い圧を加えながら、赤ちゃんのあばら骨の下部を時計回りに3回なでてあげます。

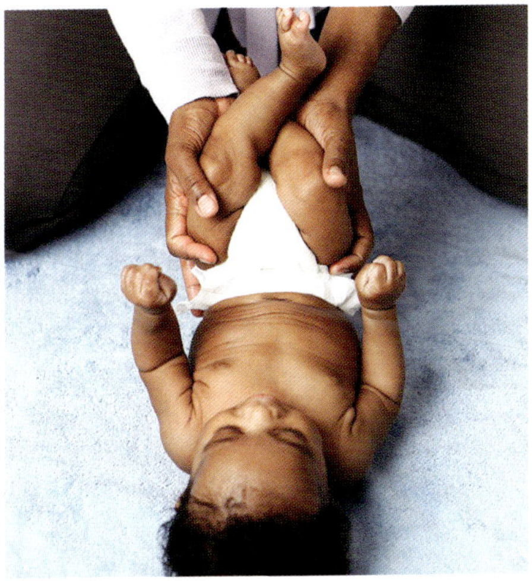

4 両手で太ももの裏側を包みます。お尻がマットから離れないように注意しながら、優しく、でもしっかりと赤ちゃんの足を交互に交差させます。

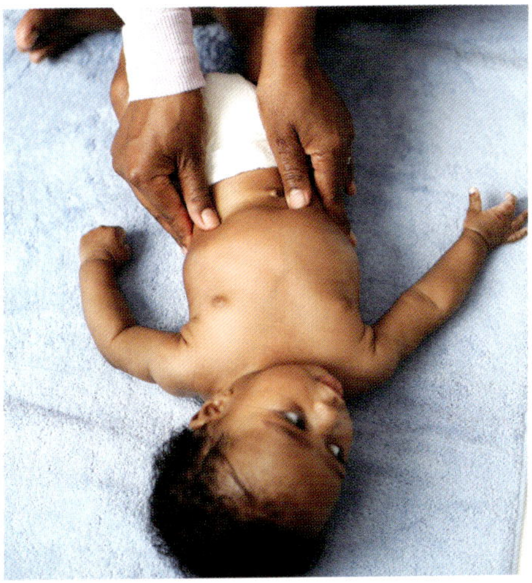

5 両手を赤ちゃんの腰に当て、親指の腹を使って、おへその下を内側から外側に向かってなでてあげます。3回くり返します。これは便秘の解消に役立ちます。

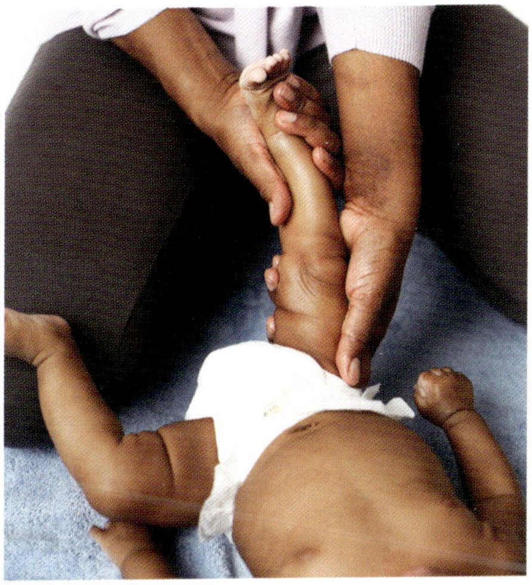

6 脚のマッサージも効果があります。片脚ずつ、あなたの片方の手で足首を、もう一方の手で太ももを持ち、親指を股関節の方に伸ばしてマッサージします。(鼠径部《そけいぶ》の近くは押さえないように)親指でしっかりなでながら、手をすべらせて足首に戻ります。

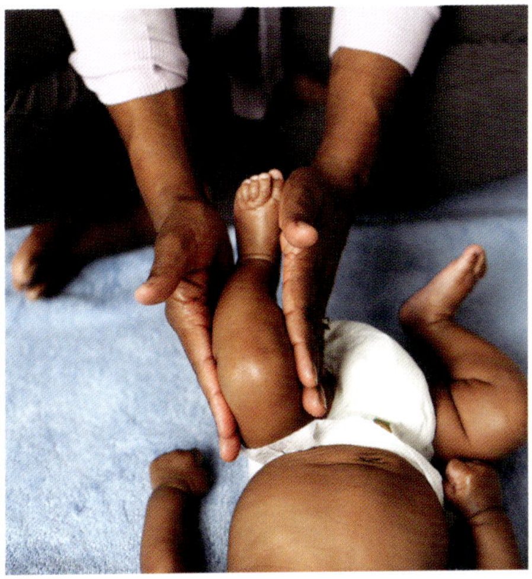

7 脚の緊張を取るために、両手で赤ちゃんの脚をはさみ、優しくもんであげます。「くーるくる」と言いながら、膝や足首の関節も優しくなでてあげましょう。

8 マッサージの終わりに、膝の下をしっかり握ってピストンのように脚を交互に曲げ伸ばします。赤ちゃんの成長や個性に合ったリズムを見つけましょう。ほとんどの赤ちゃんは、私たちが思うよりもっと速くて大きな動きが好きです。伝統的なベビーマッサージは、びっくりするほどエネルギッシュです。

最後に、寒くないように赤ちゃんを布でくるみ、リラクゼーションの時間をとります。赤ちゃんがぐずるようなら、なだめる時の抱っこ(19ページ)で歩きます。この流れを毎日続けてみましょう。きっと良い効果が出るでしょう。

胸を開くマッサージ

胸と背中のマッサージを組み合わせることで、赤ちゃんの胸のつまりを和らげることができます。家族歴に喘息があれば、喘息の予防としてもとても良い効果があります。背中を優しくなでながら、縦抱っこ(19ページ)で過ごすようにしてみましょう。

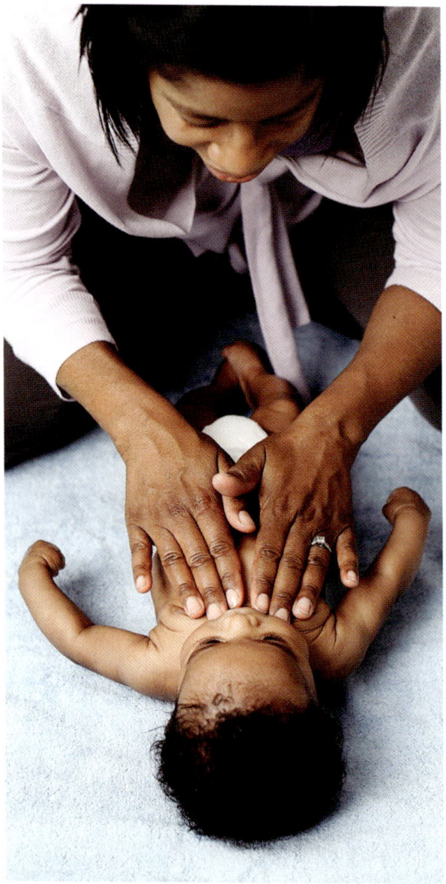

1 両手のひらを赤ちゃんの胸に当て、指の腹を使って上下にさすります。

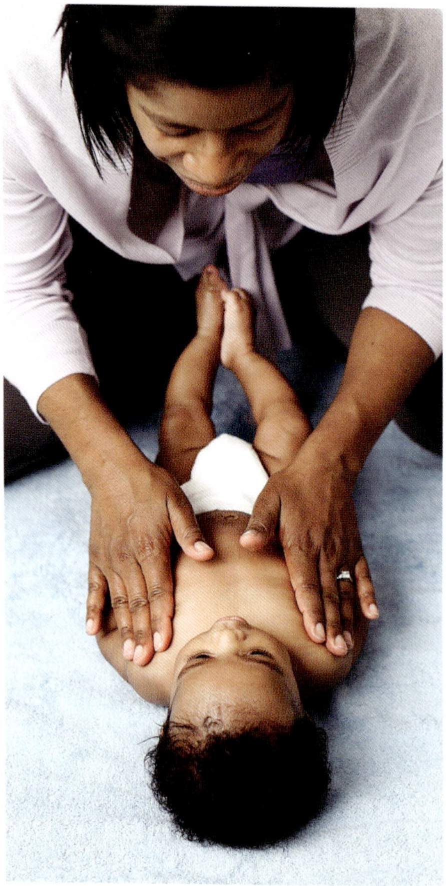

2 親指を胸の中心にある胸骨に当て、残りの4本指を平らにして外側に向かって少し圧をかけながら優しくなでていきます。力を抜いて中心まで戻ります。これを3回くり返します。

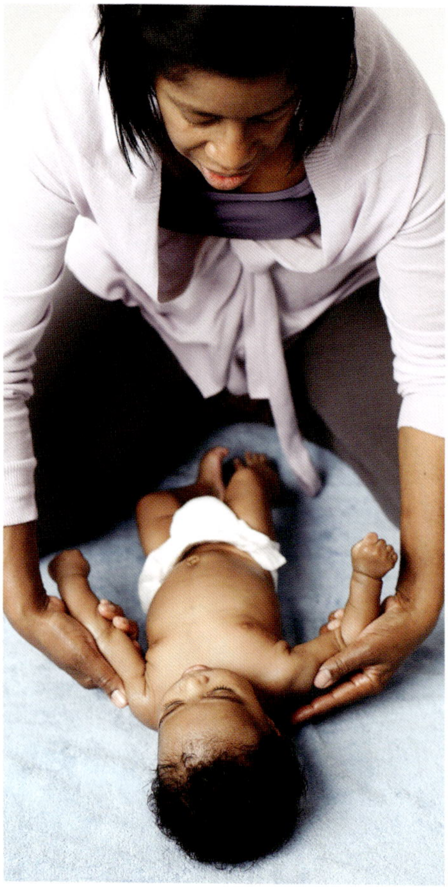

3 両手で赤ちゃんの両肩を下から包み、手首に向かって優しくなでていきます。腕を開くのを嫌がる赤ちゃんもいますから、ゆっくりと力を抜いてなでてください。これを3回くり返します。

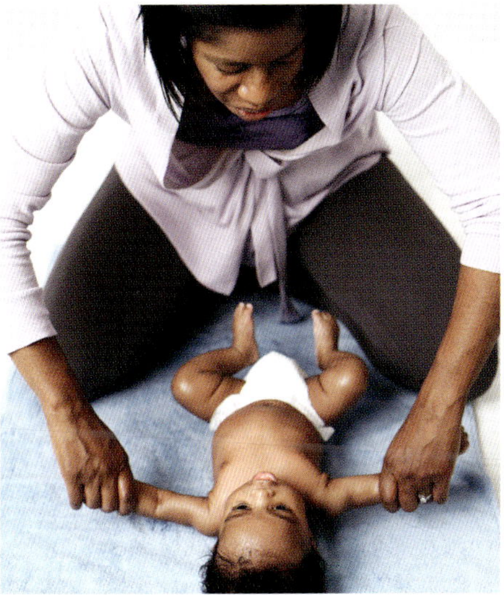

4 赤ちゃんが嫌がらなければ、あなたの親指が下に来るようにして両手で赤ちゃんの上腕を握り、少し上下に揺らしながら、手首に向かってすべらせます。この動きで赤ちゃんの腕をすっかり開いてあげましょう。3回くり返します。

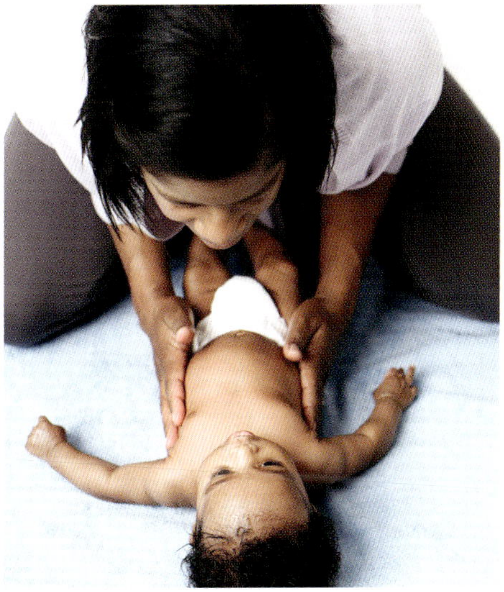

5 両手を広げ、赤ちゃんの胸の中心から外側へと、指が肋骨の裏側にさわるまですべらせ、赤ちゃんの胸を開いてあげます。左右の手を交互にすべらせて軽くもむようにすると、赤ちゃんが喜ぶかもしれません。

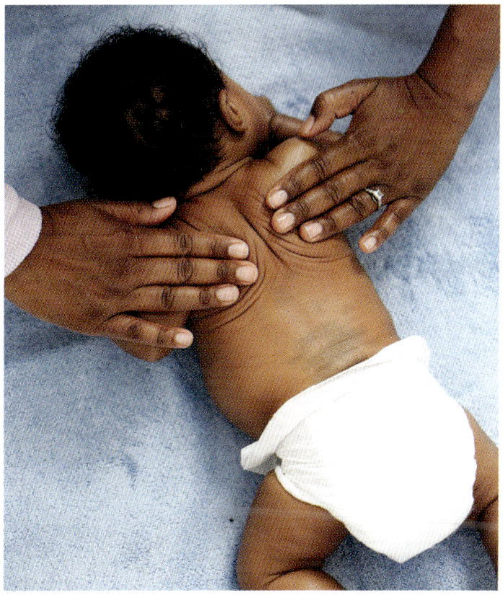

6 赤ちゃんをうつ伏せにします。その際、赤ちゃんが苦しくないよう気をつけましょう。指の腹に軽く力を入れて、首から背中の上半分を上下にさすります。

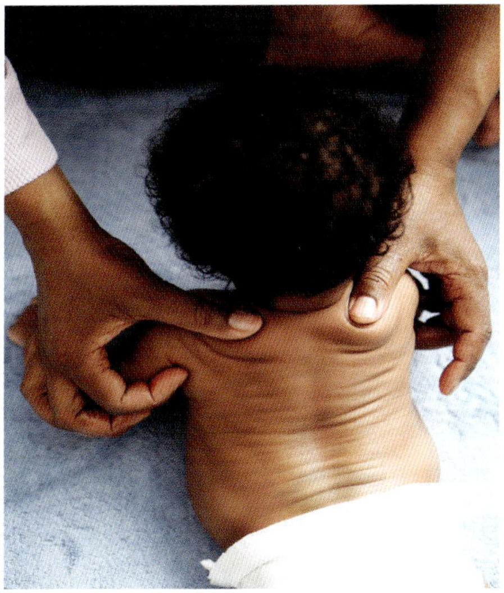

7 赤ちゃんが気持ちよさそうであれば、首の付け根の中心から外側に向かって、親指の腹に軽く力を入れて小さな円を描いてあげましょう。

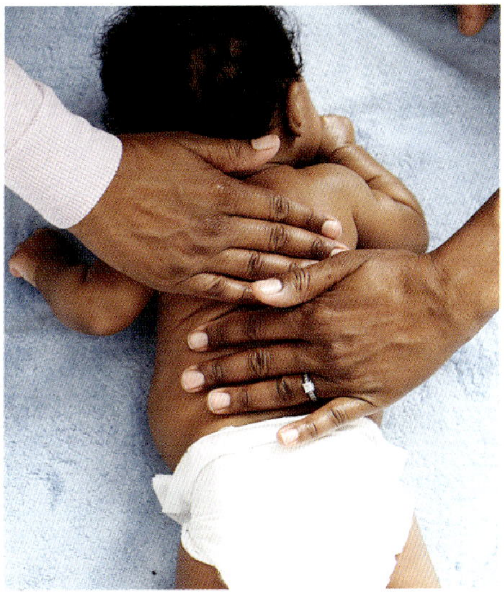

8 両手を交互に動かして、肩から背中にかけて水車のパドリングです。赤ちゃんの頭があなたの側なら手の動きは手前から向こうへ、逆なら向こうから手前へ。何回かくり返します。

9 たっぷりのオイルを取り、両手をこすって温めます。片手を赤ちゃんの片方の肩へ、もう一方の手を反対側の腰に当てます。指に軽く力を入れ、外から内へ、内から外へとさすります。反対側の肩から腰にかけても同じようにマッサージしてあげましょう。

最後に、赤ちゃんをタオルでくるんで抱っこしてあげましょう。

ポジティブ・タッチ

　ベビーマッサージをする時には、常に心をこめて赤ちゃんにタッチしてあげましょう。赤ちゃんを落ち着かせ、安心させるためには、こんなとっておきのタッチの方法もあります。

足を包む

赤ちゃんが手足をバタバタさせて泣いていたり、両手で顔をおおって安心しようとしていたり、抱っこを嫌がって目を合わせようとしない時は、両足をしっかりつかんであげると安心します。また、あなた自身の感情が不安定で赤ちゃんと向き合う気分になれない時にも、これなら自然に「大好きよ」と言ってあげられます。終わる時には、両手を優しく赤ちゃんの胸に当ててあげましょう。

赤ちゃんの顔にあるリラックスのツボ

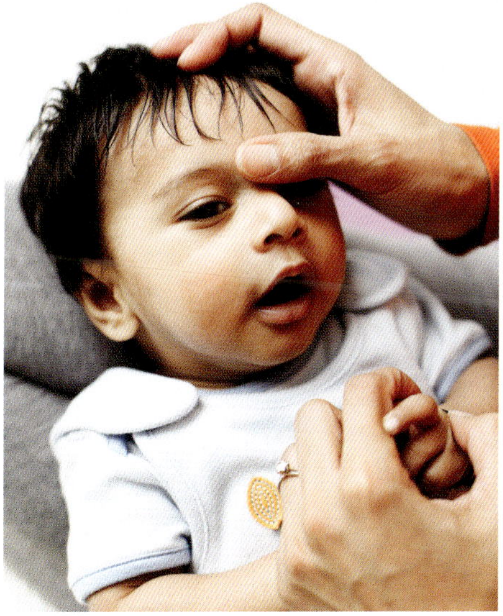

● 鼻のマッサージ。眉間のツボを親指の腹で優しく押さえ、短くくり返し鼻をなでてあげます。これはいろんな文化圏で見られる寝かしつけのやり方です。

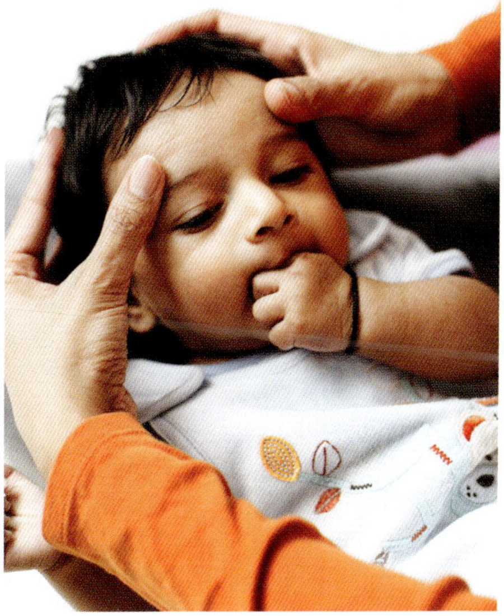

● 額のマッサージ。親指を赤ちゃんの額の中央に当てて、両手で赤ちゃんの頭を包みます。額の中心からこめかみまでゆっくりと親指でなで、こめかみから中央に戻ります。赤ちゃんが目をつぶるまでこの動きをくり返します。赤ちゃんがスムーズに眠りに入っていけるようにする効果があります。

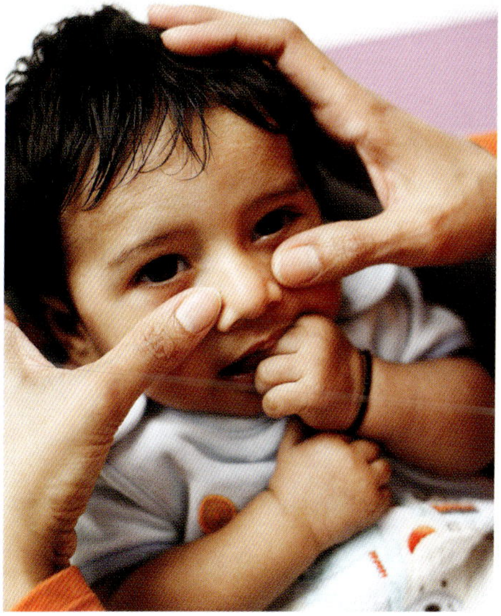

● 小鼻のマッサージ。赤ちゃんの小鼻の横のツボを両手の親指で軽く押し、まず下向きに、それから横へと、頬骨の下の溝をなでていきます。空気の通りが良くなって呼吸を助けるので、赤ちゃんの鼻がつまって不機嫌になっている時にも効果があります。

耳のマッサージ

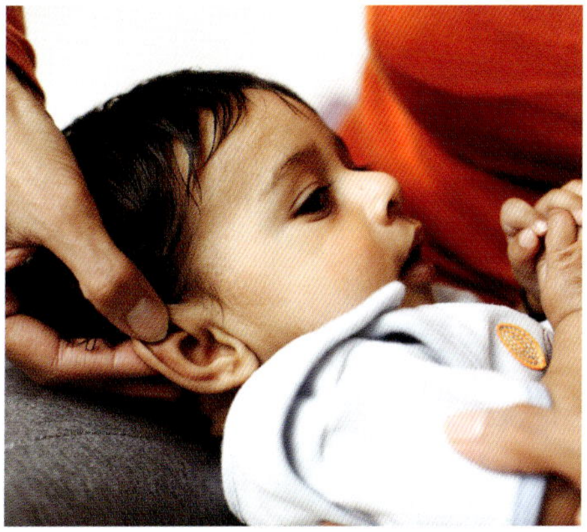

赤ちゃんの耳のふちを上から下へ、親指と人差し指で点線を描くように押していきます。耳たぶまで来たら、軽く力を入れて小さくくるくると円を描きます。このマッサージは、東洋医学で全身のバランスを整えるとされている耳ツボへのマッサージですが、赤ちゃんにも安心して行えます。

第2章 初めてのベビーヨーガ

生まれたばかりの赤ちゃんにマッサージをする文化は多く、触れることを通してお互いの幸福感を高めるという習慣は素晴らしいものです。けれど赤ちゃんがあまり喜ばなかったり、あなた自身もマッサージは少し難しいと感じるのであれば、まずはヨーガで赤ちゃんと体を使ったコミュニケーションを取ってみましょう。触れることと動かすことは2つで1つ。ヨーガで赤ちゃんを動かすことに慣れてくれば、赤ちゃんに触れるマッサージも容易に思えてくるはずです。ベビーマッサージでは親子で一緒にリラックスでき、ベビーヨーガでは赤ちゃんが楽しみながら新しい動き方を発見していくことができます。やがてマッサージとヨーガの2つを上手に組み合わせて、赤ちゃんの発達に合ったもの、時間帯に応じて赤ちゃんのニーズに応えるもの、また2人の気分に合ったものなど、自由にアレンジできるようになっていきます。

「こんにちは」のストローク

服を着たままのドライ・マッサージは、血行を良くし、丸くなった体を伸ばすので、ヨーガ前の準備運動に最適です。正座して赤ちゃんを前に寝かせるか、脚を伸ばして赤ちゃんを膝に乗せるか、楽な方で座ってあなたも腰や背中をストレッチしましょう。腕を伸ばし、元気な軽いタッチで赤ちゃんの全身をすーっとなでてあげます。「こんにちは、○○ちゃん！」と呼びかければ、赤ちゃんにとってお母さんが100パーセント向き合ってくれる特別な時間の始まりです。

一呼吸し、両手を伸ばして赤ちゃんの頭の両脇に当てます。胸、おなか、脚とすべらせたら、最後に両足をキュッと握ってあげます。これを3回くり返します。

バリエーション

頭をさわられるのを嫌がる赤ちゃんは肩から始めましょう。また、背中から始めるやり方もあります。両手を背中に入れて、赤ちゃんの体の側面を通って、お尻から脚へとすべらせます。この時、お尻が持ち上がらないようにしてください。

初めてのヒップ・シークエンス（お尻体操）

ヒップ・シークエンスは、ベビーヨーガの基本です。ヨーガのポーズを応用したこの一連の動きには、神経系や内分泌系の働きを高め、深層筋を引き締める効果があります。

腰は、体幹を安定させバランスを取り、体を強くしなやかに保つため、またそれを思うままに使いこなすための要です。並外れて柔軟な赤ちゃんもいれば、驚くほど体の硬い赤ちゃんもいます。ベビーヨーガでは、安定感を高めたり、逆に柔軟性を養うことで、ちょうど良いバランスをめざします。

ここで大切なのは、決して無理強いはせず、その時々の赤ちゃんの運動能力に応じて進めることです。特に腰を動かすヨーガには、体の歪みを修正する効果がありますが、左右それぞれ赤ちゃんの動かせる範囲内でやってあげましょう。

以下の動きはどれも、あなた自身の呼吸を意識しながら、呼吸のリズムでやってみてください。

まだ月齢が低かったり、デリケートな赤ちゃんには、1-2-3-6-7から始め、様子を見ながら少しずつ4と5を追加していきましょう。赤ちゃんの股関節が鳴るようであれば、6と7を少し長めに行いましょう。

1 始めの合図
赤ちゃんの「イエス」の合図《キュー》を確認したら、アイコンタクトを取りながら、赤ちゃんの向うずねに両手を置きます。

2 お膝を胸に
膝に直接力がかからないよう注意しながら、赤ちゃんの太ももをギュッとおなかに近づけ、いったんゆるめます。力加減を調節しながらこれを2、3回くり返します。強めに圧をかけても安全で赤ちゃんは喜びますが、喜んでいないようならすぐにやめましょう。おなかを押したりゆるめたりを交互にくり返すことで、赤ちゃんの消化を助け、便秘を防ぐ効果があります。

3 膝回し
次に、赤ちゃんの膝を優しく曲げて、小さな円を描くように回します。まずは時計回りに、次に反時計回りに。赤ちゃんにとって初めてのヨーガのツイストです。この時、赤ちゃんのお尻がマットから浮かないように気をつけます。

4 足踏み
続いて、赤ちゃんの脚をゆっくりペダルをこぐ要領で動かします。慣れてきたらペースを速めても良いでしょう。

5 斜めのストレッチ

斜めのストレッチは2段階で行います。まず、赤ちゃんの片方の足を反対側の手に持っていきます。ゆるめたら、もう片方の足で同じようにくり返します。この時、無理に足と手を触れさせようとしないように。

次に、腕と脚を体から離す斜めのストレッチです。初めは様子を見ながらゆっくり行います。腕を広げることに慣れたら、たいていの赤ちゃんはこの体操がとても気に入るでしょう。でも、未熟児で生まれた赤ちゃんなどは、この体操が不安なくできるようになるまでに少し時間がかかることもあります。

6 ちょうちょのポーズ

ヨーガのバタフライのポーズと同じように、この体操は、股関節の動きを良くすることで赤ちゃんの体の成長に備え、腰の筋肉を引き締めます。赤ちゃんのかかとに親指を添えて足首をつかみ、足裏同士を合わせます。「足の裏トントントン」と声をかけたり歌ってあげて、楽しくやりましょう。赤ちゃんがこの姿勢に慣れてくれば、両足をおなかの方にゆっくり押して、パッと力を抜いてもいいでしょう。

7 閉じる

ちょうちょのポーズから今度は両脚を閉じて、6の動きとは逆に膝をほんの少し内側に向けます。これを3回くり返します。リズミカルに、だんだん静かに、初めてのヒップ・シークエンスを終わりにしていきます。

8 リラックス

少しの間、赤ちゃんの足を握ってリラックスさせてあげましょう。

ヒップ・シークエンス―その2

初めてのヒップ・シークエンスをマスターしたら、少しずつ以下の体操を追加して、もっと赤ちゃんの反応を引き出し、親子のコミュニケーションを豊かにしていきましょう。赤ちゃんは、いつもの動きにちょっとした変化が加わると喜びます。生後3ヶ月を過ぎると、赤ちゃんは、はっきり好みを知らせてくれるようになります。

ツイスト(38ページ3に加える動き)

あなたの親指が赤ちゃんの脚の下にくるよう、持ち替えます。お尻がなるべくマットから浮かないように、赤ちゃんの片脚をもう一方の脚の上にクロスさせて体をねじります。バランスを調節する姿勢反射を無理なく発達させるまたとない方法です。

ストレッチ&リラックス(39ページ7に加える動き)

怖がらせさえしなければ、赤ちゃんはびっくりするのが大好きです。そして、頭で理解し始めるずっと前に対の概念を体で覚えます。 この体操で赤ちゃんは初めて「反対」を経験します。赤ちゃんの足首をゆるくつかんで少し持ち上げ、パッと離してストンと落とします。これを3回くり返します。「伸ばして」「リラックス」などと声をかけても良いでしょう。このようにダイナミックな動きをリラックスしながら終えます。これは、足をバタバタさせたり背中をえび反りにする赤ちゃんをなだめるのにも使えます。

ちょうちょから小さな鋤《すき》のポーズへ（39ページ6に加える動き）

目と手の協調動作が発達してくると、赤ちゃんは自然と足に興味を持つようになります。ちょうちょのポーズで両足首を持ち、両手も足に近づけて、両手と両足をまとめてつかみます。赤ちゃんが嫌がらず楽しそうなら、お尻はなるべくマットから浮かないように、両手両足をつかんだまま、ゆっくりと胸の上まで持ってきます。パッと離すと、赤ちゃんの両足がゆっくりマットに下りていきます。赤ちゃんは足をマットに下ろさずに、口に入れようとするかもしれませんけど。

うつ伏せでのヒップ・シークエンス

これは服を着たままのマッサージとヨーガを組み合わせたもので、赤ちゃんにとっては楽しいうつ伏せタイムです。マットに座ってやるのが大変なら、ベッドやソファにもたれてやりましょう。この体勢ではアイコンタクトで赤ちゃんの合図《キュー》を確認できませんが、背中がリラックスしているか、くねらせて嫌がるかで分かります。嫌がっていたら優しく抱き上げ、縦抱き（19ページ）で背中をさすってあげ、2、3日たってからまた挑戦してみましょう。

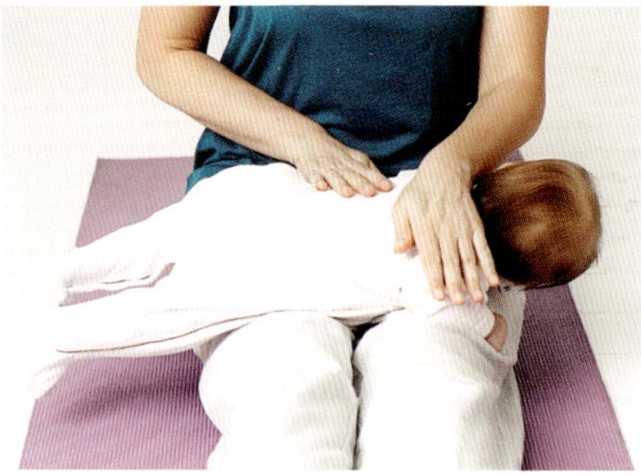

1 さする
太ももの上に赤ちゃんをうつ伏せに横たえます。首がすわっていてもいなくても、赤ちゃんの胸の上部があなたの太ももに来るようにして、赤ちゃんの頭を支えます。両手のひらを前後に互い違いに動かして、赤ちゃんの背中を肩からお尻へ、お尻から肩へとなでます。背骨に直接力がかからないように、さらに2往復しましょう。

2 包む
片手を赤ちゃんのお尻に当て、もう片方の手は背骨に力がかからないように少し丸めて、腰からお尻に向かってマッサージします。両手を赤ちゃんのお尻のところで止めて、お尻をしばらく包んでから、ゆっくり離します。

3 雨だれ
両手の指先を赤ちゃんの首の両側に当てます。雨粒がポツポツと落ちるように赤ちゃんの背中を指でたたきながら、お尻の方に下りていきます。強さとテンポは赤ちゃんの好みに応じて。最後に2、3回ゆっくりと背中をなでてあげましょう。

4 ちょうちょ
続いて、優しく脚のストレッチを行います。両足首にあなたの親指を添えて他の指でふくらはぎを支えます。ちょうちょのポーズ同様、足の裏同士を合わせてお尻に近づけ、離します。

5 曲げる
もっと続けても大丈夫そうなら、あなたの体から遠い方の手首と足首をつかみ、肘と膝を近づけるようにして、それからそっと離します。これを3回くり返し、手足の力を完全に抜いてあげましょう。

6 伸ばす

次にその手首、足首を外側からつかみ、優しく伸ばしてあげます。もっと伸ばしたいか、それともゆるめたいか、赤ちゃんの反応をよく観察して、決して無理をしないように。このストレッチは1回だけにして、完全にゆるめてください。

7 リラックス

5と6を反対側でもくり返したら、うつ伏せタイムの終わりに赤ちゃんの頭と足を包み、ゆったりとリラックスさせてあげましょう。このリラックス法には、難産で生まれた赤ちゃんを癒してあげる効果もあります。

ゆりかごロールから初めてのベビー・ロールへ

バランス感覚をつかさどる脳の部位の発達には、揺らすだけでなく回転も欠かせません。回転によって空間の中でバランスを取る能力を養い、自由に体を動かせるようになるのです。赤ちゃんは十分なスペースがある限り、お母さんのおなかの中で回転していました。そして生後わずか数週間で、ゆりかご抱っこで小さく回るところから、お母さんの脚の上を大胆に転がるまでに成長します。でも発達のしかたや早さは十人十色。安心感が育ち、冒険を受け入れる準備ができているかどうかにもよります。ベビーヨーガを楽しくやる秘訣は、その時々にちょうど良い、強すぎず、弱すぎない刺激を与えてあげることです。

大きな動きへと進む時には赤ちゃんの反応をよく観察しましょう。赤ちゃんが疲れてしまうようなら、2,3日はこれまで通りの体操に戻って、赤ちゃんの先に進みたいというサインを待ちましょう。

ゆりかごロール

1 クォーター(4分の1)・ロール

ゆりかご抱っこ(18ページ)から赤ちゃんの腕を包むようにあなたの手を移動させ、もう一方の手を脚に添えます。そこから顔が外側に向くよう赤ちゃんの体をそっと傾け、また戻します。この小さい動きなら、とても敏感な赤ちゃんにでも大丈夫です。

2 ハーフ・ロール

1で赤ちゃんの体を外側に4分の1回転し、元に戻したら、次にあなたの肘を持ち上げるようにして、あなたの方に4分の1回転します。これは、お母さんから離れてまた戻ってくる、つまり小さな旅立ちを赤ちゃんに初体験させてあげるベビーヨーガです。この遊びで赤ちゃんは安心感を育みます。赤ちゃんは戻ってくるたびにお母さんの笑顔を見つけ、安心するのです。

そっとひっくり返してあげましょう

1 あなたの脚の上にうつ伏せの赤ちゃんを乗せたら、両腕を赤ちゃんの胸と腰の下に差し入れ、赤ちゃんの体を床からほんの1-2㎝の高さに浮かせます。必ず柔らかい敷物を敷いておきましょう。

2 手を下げ、少し肘を上げると、赤ちゃんが向こうにゆっくり回ります。赤ちゃんがひっくり返って着地したら、あなたも手を離します。ひっくり返った赤ちゃんの体はリラックスしており、赤ちゃんはその感覚に驚きながらも喜ぶでしょう。これは、あらゆる哺乳類の赤ちゃんにプログラムされた反射反応です。この動きは、赤ちゃんが自分で自然に寝返りを打ち始めるきっかけを与え、また、びっくりしやすい赤ちゃんの反応を緩和する効果もあります。

初めてのベビー・ロール

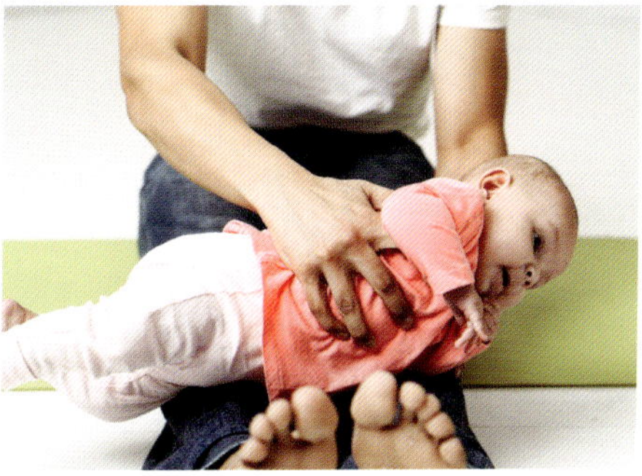

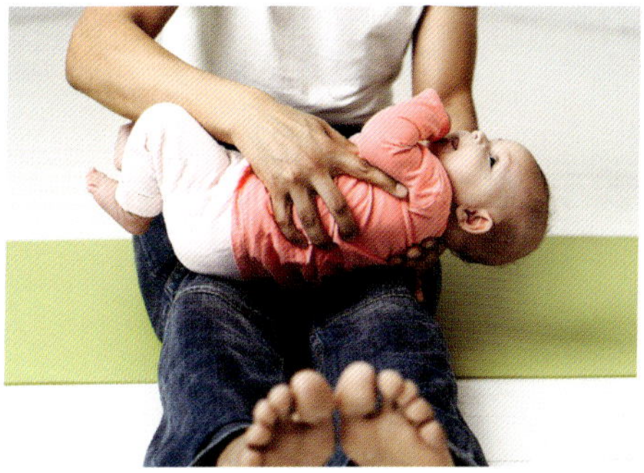

1 脚の上で赤ちゃんを転がすには、首がすわっていることが条件です。赤ちゃんがうつ伏せで楽に頭を持ち上げられるようになってから始めるのが良いでしょう。

2 赤ちゃんがやりやすいかどうかは、あなたの両手の動き次第です。片手で転がる肩を安定させてやり、もう片方の手でうまく転がるようにお尻を動かしてあげましょう。この両手の動きがうまくかみ合ってくれれば、赤ちゃんもあなたの脚の上をスムーズに転がって、行ったり来たりできるようになるでしょう。

3 まずは、太ももから向うずねまでの一回転から始めてみましょう。うまくいったら、戻ってくるなり、つま先の方にさらに進むなり、次の回転に挑戦しましょう。あなたと赤ちゃんは一緒に上達していきます。一般的には、お父さんの方が赤ちゃんを転がすのに乗り気ですし、上手でもあります。

赤ちゃんと一緒にアップ・ダウン

赤ちゃんがまだ小さくて軽いうちに、赤ちゃんを抱き上げたり下ろしたりする良い方法を身につけて、背痛や腰痛を防ぎましょう。二人でぴったり息の合った動きができるようになることは、赤ちゃんとの日々を楽しくするだけでなく、赤ちゃんが自分の体を認識し、自信を育み、活発に動けるようになるためにも大切なのです。

縦抱っこでアップ・ダウン

赤ちゃんをスムーズに抱き上げたり下ろしたりするには、縦抱っこが最適です。膝をついた姿勢で練習するとやりやすいでしょう。利き手を赤ちゃんのお尻の下に入れ、もう一方の手で首の後ろを支えたら、赤ちゃんを胸と胸がくっつくように縦に抱き上げます。赤ちゃんを寝かしつける時には、赤ちゃんを下ろす前に胸と胸を合わせて、しばらくの間、二人の心臓の鼓動を調和させせると、驚くような効果があります。赤ちゃんは心音であなたとつながるこの感覚が大好きになるはずです。それからゆっくり優しく下ろし、笑顔で語りかけてあげれば、赤ちゃんも幸せな気持ちで眠りにつきやすくなるでしょう。

ターンで抱っこ

世界中の親たちが、次のようにして生後3ヶ月から3歳までの我が子を床から抱き上げています。

1 膝をついた姿勢から利き手を赤ちゃんの肩甲骨の下あたりに差し入れ、反対の手は親指と人差し指で赤ちゃんの上腕をしっかりと持ちます。

2 肩甲骨に差し入れた利き手で赤ちゃんを回し、その腕が手すりになるように赤ちゃんの胸を支え、赤ちゃんが前を向く格好であなたの胸の高さまで抱き上げます。少し練習すれば動作がスムーズになり、逆の動きで赤ちゃんを床に下ろせるようになります。

3 赤ちゃんの体重が軽いうちは、そのまま立ち上がりながら手すりの腕を伸ばすようにしてさらに赤ちゃんを回すと、あなたと向かい合う縦抱っこになります。もし妊娠中に骨盤が痛みがあったお母さんは、産後1ヶ月は膝立ちから立ち上がるのは避けましょう。立った状態から両膝を曲げてしゃがみこみ、1、2の要領で赤ちゃんをくるりと抱き上げ、安全なリラックス抱っこ（18ページ）で立ち上がります。

4 赤ちゃんが重くなってきたら、片膝を立ててその上に赤ちゃんを座らせ、膝に負担がかからないように後ろの足で床をしっかり蹴りましょう。そうしながら赤ちゃんを回して、縦抱きで立ち上がります。毎日やっていると、ひとつながりの動作になっていきます。

この写真の赤ちゃんのように、4ヶ月を過ぎると、立ち上がると同時に「たかいたかい」のリフトをしてあげると喜ぶ赤ちゃんもいます。このリフトであなたも全身をストレッチすることができます。一方、まだリフトを怖がる赤ちゃんもいます。赤ちゃんに適した刺激かどうか、見極めることが大切です。

小さなスイングと優しくストン

赤ちゃんはゆらゆら揺れてストンと落ちる動きが大好きですし、必要でもあります。大昔から人間の赤ん坊は、起伏に富んだ大地を歩く母親や兄姉に運ばれて育ったのです。この揺れは脳の発達に非常に重要だと分かっており、ここでは安全な進め方を紹介します。最初は包み込む抱き方で揺らしたり、赤ちゃんを抱いたあなたが小さく下に落ちる動きから始め、首がすわってくるのに従って、少しずつダイナミックな動きへと移っていきます。

小さなゆりかごのスイング

しっかりとゆりかご抱っこすれば、お父さんでも赤ちゃんを安全に揺らしてあげられます。まず様子を見ながら、ごく軽く水平に揺らしてみましょう。赤ちゃんがびっくりして腕を広げたりしたら、すぐにやめて抱きしめてあげましょう。この写真の赤ちゃんのように手指を口元に持っていくような行動を見せたら、小さな揺れをしばらく練習して、慣れさせてあげましょう。

大きなゆりかごのスイング

赤ちゃんが小さなスイングを楽しむようになったら、腕を広げて体から離し、半円を描くように大きく揺らして見ましょう。右脚、左脚と交互に体重移動を行って大きく揺れ、赤ちゃんが喜ぶリズムに乗りましょう。この間、アイコンタクトを取ります。戻したくなったらいつでも赤ちゃんを抱き寄せ、肘の力を抜いて頭を包んで、もう片方の腕で赤ちゃんの腰を支えてあげれば、ゆりかご抱っこに戻れます。

優しくストン

安全なリラックス抱っこで赤ちゃんの背中をあなたの胸につけ、あなたが両膝を曲げて上体を落とします。こうすれば赤ちゃんは、あなたの腕の中で、自分は動かずにあなたの力を借りてストンと落ちる感覚を体験できます。これはごく小さい赤ちゃんでも楽しく、安心する動きです。赤ちゃんを抱いて歩きながら、大きく息を吐きつつストンとこの動きを入れてあげると、コリックの赤ちゃんをなだめることもできます。赤ちゃんのかんしゃくをなだめるためにストンストンとくり返すのは、世界共通です。月齢の小さい赤ちゃんは、ストンと落ちる時に頭がぐらぐらしたり、体が傾いたりしないよう、しっかり支えてあげましょう。

上手になってきたら、赤ちゃんだけをあなたの胸から腰のあたりまでストンと下ろしてみましょう。少し練習すれば、赤ちゃんはこの動きが大好きになるでしょう。

スイングに上下の動きを加えて

利き手で赤ちゃんのお尻を、もう一方の手すりの腕で赤ちゃんの胸を支え、安全なリラックス抱っこをします。赤ちゃんのわきの下をしっかり支えましょう。この体勢で赤ちゃんを優しく前後に揺らします。最初はわずかな水平の動きから、少しずつ動きを大きく、高く持ち上げていきます。赤ちゃんは、顔なじみの大人や他の赤ちゃんに向かって「たかいたかい、びゅーん」と飛ばされると大喜びします。ダイナミックなスイングは、赤ちゃんのご機嫌直しの特効薬。あなたの気分がさえない時も、鏡に向かって「びゅーん」とやれば、赤ちゃんの笑顔を見て、気持ちもきっと晴れてくるでしょう。

初めてのファミリーヨーガ

ベビーヨーガを家族で一緒に行えば、バラエティに富んだふれ合いが生まれ、赤ちゃんの経験は豊かになります。生まれたばかりの赤ちゃんですが、関わる人の数だけ人間ドラマが生まれます。このドラマの登場人物は皆、赤ちゃんとの関わり方を学びながら、同時に赤ちゃんが輪の中にいることで、お互いのこれまで見えなかった一面を発見し、新たな家族関係が築かれていきます。こうしてお互いの心が通じ合えば、ファミリーヨーガの時間はリラクゼーションそのものだと言えます。でももちろん、きちんとしたリラクゼーションでヨーガをしめくくるのがお勧めです。赤ちゃんと過ごす忙しい1日のために、たとえほんの2-3分間でもエネルギーの充電をすることは、お母さんにも赤ちゃんにも必要で、産後のヨーガではとても重要な要素です。

大切にされている赤ちゃんの純粋な幸福感は、家族全体に広がります。どんな小さな成長でも皆で喜んであげましょう。この本は主にお母さんに向けて書かれていますが、子育てはお母さんだけではなく家族全員の共同作業です。

でも、上の子が一緒にやるのは難しい場合もあります。赤ちゃんばかりが注目されて、自分がほったらかしにされていると感じている上の子が、マッサージを始めようとした途端、あなたの気を引こうとするのはごく自然なことです。小さな人形を用意してあげるとうまくいくこともあります。日頃からお世話の様子を見ているので、同じように人形のお世話やマッサージをやり始めるかもしれません。きっとあなたそっくりにやってくれるでしょう。

お父さんの脚の上でうつ伏せタイムのヨーガを終えた赤ちゃんが、誇らしげに頭を持ち上げました。きらきらした瞳に対面して、わくわくするお母さん。

さあ、もうぼくも赤ちゃんのお世話係の一員だぞ。といわんばかりに「自分の」赤ちゃんのお世話を始めるお兄ちゃん。

赤ちゃんと一緒に行うリラクゼーション

柔らかい敷物の上に楽な姿勢で横になります。産後1ヵ月は膝を曲げた方が楽でしょう。眠ってしまう心配があれば、アラームをセットしておきましょう。さあ、思い切って目を閉じてみて。自分の内面を見つめると、いかに赤ちゃんのお世話に全神経を集中させているかが分かるでしょう。深く息を吐きながら、気づかないうちに積もったこの心の緊張をほぐしてください。大きなため息をついてもいいでしょう。やらなければならないことは置いておいて、今、ここにいることだけに身を委ねます。休暇を取っていると思うことにしましょう。仕事やその他の考え事は、今は忘れて。この赤ちゃんが何人目だろうと、あなたの人生は大きく変わりました。本来の自分を見失わないようにしなければなりません。本来の自分を取り戻すには、眠るよりもリラクゼーションの中であなたの無意識のレベルに任せる方がうまくいきます。産後に赤ちゃんと一緒にできるリラクゼーションはいくつかありますが、まずは赤ちゃんが眠っている間にやってみましょう。

自分を慈しむ

この出産にまつわるすべての感情を思い出します。もし癒される必要があると感じたら、近日中に自分を癒すための方法を見つけて、行動に移しましょう。そして、赤ちゃんがここにいる奇跡に思いをはせます。自分が慈しまれるために何が必要か、無意識から浮かび上がってくる想いをしっかり受け止めましょう。どんなに些細なことでも、何が思い浮かんでも決して否定しないで。手のひらをリラックスさせて、すべてを与え、受け取る気持ちになりましょう。

赤ちゃんの泣き声を自分のどこに感じ、どこにしまっていますか? それは胸だったり、首や腰だったり、もしかしたらふくらはぎかもしれません。呼吸に意識を集中させて。まず、気持ちの良いあくびをしながら息を吐き出します。それから、しっかりした低音のハミングを3回。あごをリラックスさせ、音のバイブレーションに身を委ねましょう。この方法に慣れてきたら、授乳の後や、あなた、または赤ちゃんに休息が必要な時には、いつでもこのリラクゼーションをやってみましょう。

何度か試しているうちに、赤ちゃんはあなたのリラクゼーションに同調してくるようになります。赤ちゃんと一緒にリラックスするたびに、いかに2人の気分が影響し合っているか気づき、また、深い呼吸の持つ安心パワーを実感するようになるでしょう。

赤ちゃんと一緒にリラックス。まずは赤ちゃんが眠りに落ちた直後にやってみましょう。

第3章　4ヵ月からの ベビーヨーガ

4ヵ月を過ぎた頃から、赤ちゃんは自分の体のことが分かるようになり、周囲との関わりの中で自分を意識し始めます。この頃の赤ちゃんは、活動的な遊びを通じたコミュニケーションが大好きで、周囲をよく観察して真似をし始めます。特に話しかけられたり歌を歌ってもらうと喜び、自分も声を出して表現します。首がすわると、転がりながらの冒険や、体を引き起こしたり、座ったりして筋肉を強化し始め、新しい挑戦に夢中になったり、うまくいかないフラストレーションを経験していきます。この時期は、これまでのゆっくりとしたマッサージやヨーガをもっとダイナミックに発展させていくのに適しており、これから始める人にとっては始めやすい時期でもあります。この章で紹介するヨーガは、お母さんの腕に包まれる安心感や親密さはそのままに、どんどん成長する赤ちゃんの好奇心や冒険心に応え、育んであげるものです。

強弱をつけて、もっと大きな動きへ

もうベビーマッサージやヨーガを始めているなら、赤ちゃんの反応の変化にお気づきでしょう。ダイナミックな動きが好きなのか、静かな抱っこでリラックスの方がいいのか。背中をマッサージしてほしいのか、それとも動き回りたくてじっとしていないのか。赤ちゃんは楽しいこと、やってみたいことをどんどん追求し始めます。その意思を理解し、好奇心を満たしてあげれば、今度は赤ちゃんがお母さんを楽しいコミュニケーションの遊びに誘ってくれるようになります。

この章では、意志の育ちと体の成長に合わせ、これまでのヨーガの発展形と、新しい動きもいくつか紹介します。リズムに強弱と緩急をつけることで、活動と休息の違いをはっきりと教えてあげましょう。アクティブな動きとリラクゼーションを組み合わせたヨーガで、赤ちゃんは起きている時はより活発に動き、眠る時はより深く眠るようになります。でも、まだ今までの優しい動きを好む赤ちゃんには、その子に合わせて少しずつ新しい動きを取り入れましょう。決して赤ちゃんの体調や身体能力を無視して無理強いせず、赤ちゃんの育ちをサポートすることが、この段階でのベビーヨーガの鉄則です。

赤ちゃんの合図に応えるには臨機応変でなくてはいけません。相手を尊重する関係作りはもう始まっています。ベビーマッサージやヨーガは、他者と調和しながら生きる人間関係の基礎固めに役立ちます。赤ちゃんの個性を尊重することも大切ですが、お母さん自身が安定したぶれのない自分でいることが重要です。赤ちゃんには、お母さんからの優しいたっぷりの愛情と、しっかりとしたリーダーシップの両方が必要なのです。

ダイナミックな動きでは、特に意識してゆったりと呼吸してください。そうすれば赤ちゃんにも、動きながらもリラックスして呼吸するという生きる知恵を教えてあげられます。

「お膝を胸に」では、押す、ゆるめる、のメリハリをつけて。
「膝回し」では、大きくスピーディに脚を回すことで、背骨を柔軟にします。

「斜めのストレッチ」では、
腕、脚をしっかり伸ばしてあげましょう。

ダイナミック・ヒップ・シークエンス

4ヶ月以降の赤ちゃんは、手足を思い切り伸ばすようになります。こうすることで筋肉や関節が強化され、自由に動けるようになるのです。ここで紹介するダイナミックな動きは、股関節の可動性を安全に広げ、腰の筋肉と腹筋をストレッチして柔らかくします。

1 ハーフ・ロータス

片足ずつ動かして、赤ちゃんの腰回りを柔軟にするポーズです。片方の膝の下をあなたの親指が下になるようにつかみ、その足を反対側の腰へと持ち上げます。(これがハーフ・ロータスです。)もう片方の足は、できるだけ下に伸ばしてあげましょう。続けるうちに、腰からわきの下へ、中には鼻まで足が届くようになる赤ちゃんもいますが、どこまでやるかは赤ちゃんに主導権をあげることが大切。少しでも嫌がったら、すぐに手をゆるめてあげましょう。

2 ツイスト&ロール

ツイスト(40ページ)に加えて、赤ちゃんを横に転がしてみましょう。寝返りの準備ができている赤ちゃんはこれに応じるでしょうし、そうでない場合は待ってあげましょう。赤ちゃんの脚を交差させる瞬間に、あなたの腕をタイミングよく閉じて左右交互に転がします。必要なら赤ちゃんのお尻や肩に手を添えて赤ちゃんをサポートし、転がる楽しさを味あわせてあげましょう。

3 脚を伸ばしてツイスト

活発になってきた赤ちゃんは、脚を伸ばしたこのツイストを喜ぶかもしれません。赤ちゃんの膝の上を両手でしっかりはさんで、あなたが息を吸いながら脚を上げ、吐きながら片側に倒します。もし脚を曲げたほうが良さそうなら、曲げてやってもかまいません。背中をマットにつけたまま、背中全体をねじるようにしましょう。

4 押して、押し返して、小さな鋤《すき》のポーズへ

赤ちゃんの足の裏をあなたの手のひらで少し強めに押してみましょう。ほら、押し返してごらん、と誘うように。赤ちゃんは脚を伸ばして押し返すでしょう。この動きは腰を強くします。そうしたら、上に伸びた脚を優しく胴体の方に倒してみましょう。それからゆっくりあなたの手を離し、赤ちゃんの脚が自然に下りてくるのを待ち、少しの間そのままリラックスさせてあげます。この段階では、まだ赤ちゃんの腰はマットから浮かないように。腰を持ち上げた鋤《すき》のポーズの完成形は、お座りが1人でできるようになってからにしましょう。

5 指リフト

あお向けで寝ている赤ちゃんの手にあなたの人差し指を差し入れてみましょう。赤ちゃんの腕を引っぱるのではなく、赤ちゃんが自分の力で体を持ち上げるようにします。最初はあなたから働きかけますが、実際に動くのは赤ちゃんの方です。まだしっかり体を持ち上げられなかったら、指はしっかり握らせたまま、そっとマットに下ろしてあげて、何日か後にまた挑戦しましょう。

お座りでヒップ・シークエンス

お座りが好きな赤ちゃんにはこの体操をやってみましょう。赤ちゃんを膝の上か、両脚ではさんで床の上に座らせます。1人でお座りできていても、必ず背中はあなたの体で支えてあげます。終わりは楽しい手遊びやギューの抱っこでしめくくりましょう。

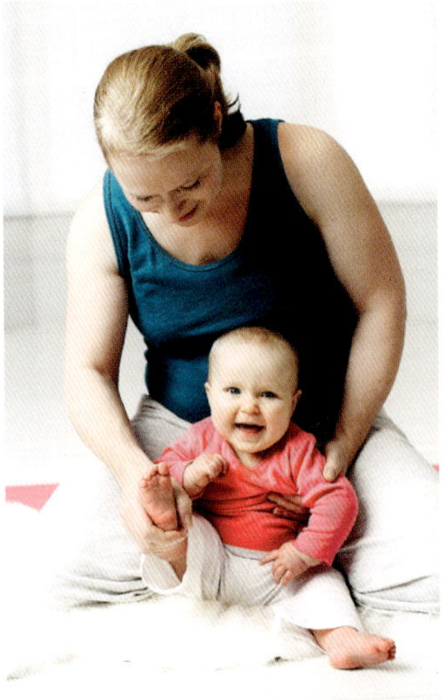

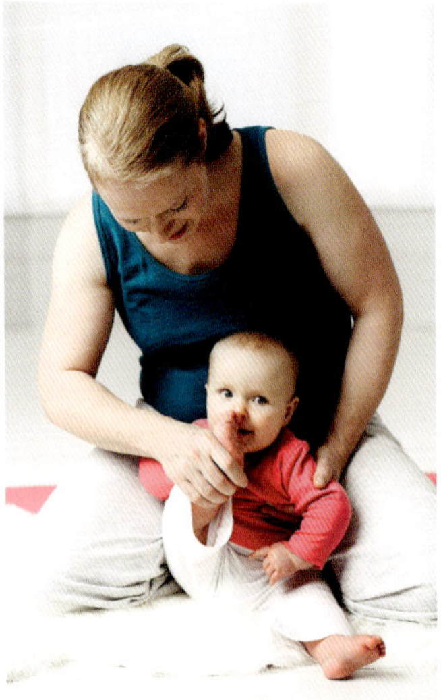

1 キックのストレッチ

お座りの姿勢で脚を交互に持ち上げれば、赤ちゃんの足の力と柔軟性が強化されます。横に倒れないようにわきの下を支えながら、足首をつかんで外側に持ち上げます。この時期はまだ脚を伸ばそうとはしないでください。このキックのストレッチから、後のハーフ・ロータスのストレッチ(88ページ)や、脚を伸ばした前屈へと展開していきます。両脚とも2回ずつ行います。

2 つま先を鼻先へ

今度は、赤ちゃんの脚をもっと体の中心に向けて持ち上げます。つま先を鼻につけてあげると、この時期の赤ちゃんはたいてい喜びます。その後、足首を持って、脚を小さく回してあげます。赤ちゃんの脚が固い時は、無理に遠くまで伸ばそうとしないこと。定期的に足を持ち上げていれば、たいていの赤ちゃんはこの動きができるようになります。

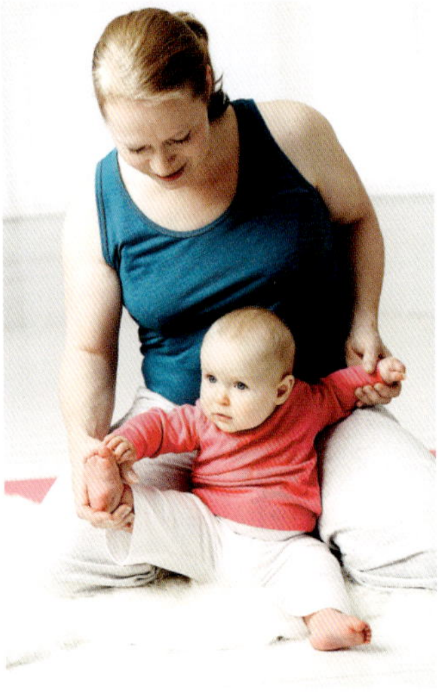

3 斜めのストレッチとやさしい前曲げ

上げようとする足とは反対側の手首をつかんで、1をもう一度行います。つかんだ手と足を斜めに開くツイストです。赤ちゃんは自分から上げた足にさわろうと前方に手を伸ばし、あなたがつかんでいる腕と一直線のラインができるかもしれません。呼吸は一定のリズムで、息を吸いながら手足を伸ばしてやり、吐きながら手を下ろして足をさわらせると、赤ちゃんは自然に斜めに前屈します。あなたのゆったりした呼吸に合わせて、ストレッチと前曲げを左右交互に3回くり返します。

4 オープンV

ちょうちょのポーズで赤ちゃんを座らせ、外から両足をつかみ、赤ちゃんが嫌がらなければ広げて伸ばします。赤ちゃんが後ろにひっくり返らないよう、少し自分の体を前に倒して、背中を支えてあげると良いかもしれません。再び足の裏を合わせて閉じ、足の裏同士でトントンとたたいてみましょう。何度かくり返します。

5 やさしいV字バランス

2を発展させたこの動きで、ヨーガのV字バランスさながら赤ちゃんの両脚を上げてあげます。あなたの体で赤ちゃんの背中を支えてあげますが、嫌がるようならこのポーズはやらないでおきましょう。もし喜べば、脚を鼻先まで持ち上げたり、あなたの手を伸ばして脚を下げたり。そうしながら、ほんの少しあなたの体を前に倒してみましょう。赤ちゃんがその気になれば、自分でも前に倒れて一緒に前曲げできるかもしれません。赤ちゃんのV字バランスは、2-3秒にとどめておきましょう。

「ひらいてとじて」

赤ちゃんを膝の上か体の前に座らせて、あなたの体で支えます。赤ちゃんの腕を大きく開いてあげたい時にぴったりの歌があります。上半身のマッサージをやらせてくれない赤ちゃんや腕を広げるのが嫌な赤ちゃんには、特に歌が効果的です。腕を広げるには、まず閉じることに興味を持たせると、徐々に赤ちゃんは腕をリラックスさせ、数日後には明らかに変化があります。歌の最後の「ギュー」は、どんな赤ちゃんも大好きです。

「ひらいてとじて」　赤ちゃんの腕を、無理をしなくても開く範囲でできるだけ大きく広げ、次に腕を戻して胸の前で交差させて抱き込みます。歌に合わせてゆっくりとやりましょう。

「○○はイヤだよ　ブルブルブル～」「○○はこわいよ　ブルブルブル～」手と手を重ね合わせます。

「ひらいてとじて」　前と同じ動作。

「だいじょうぶだよ　ギュッギュッギュー」　胸の前で腕を交差させた赤ちゃんを、あなたが包み込むように抱きしめましょう。

歌いながら腕を開こう

ベビーマッサージやベビーヨーガでは、赤ちゃんに話しかけたり歌を歌ってあげることを大切にしています。楽しいリズムに乗って行う体操は、赤ちゃんの運動能力や言語能力を高め、知的発達にも効果があります。下半身に比べ上半身のストレッチを嫌がる赤ちゃんは多く、そんな時は特に歌が役に立ちます。ストレッチとリラクゼーションでメリハリをつければ、赤ちゃんは新鮮な動作で面白がってくれるので、不安や不快感を和らげてあげられるでしょう。

「糸まき歌」

赤ちゃんを膝の上に乗せ、あなたの体で赤ちゃんの背中を支えます。歌詞に合わせて動かしましょう。

「糸まきまき　糸まきまき」　赤ちゃんの両手を取り、ちょうど良いと思える速さで、向こう側にくるくると回します。
「引いて　引いて」　赤ちゃんの両手を横に大きく広げます。
「とん、とん、とん」　一緒に手をたたきます。そのうち1人でも拍手ができるようになります。
「糸まきまき　糸まきまき」　今度は内側に両手を回します。
「引いて　引いて」　両手を横に大きく広げます。
「とん、とん、とん」　一緒に手をたたきます。

「頭、肩、膝、とん」

赤ちゃんの手首を取り、おなじみの手遊び歌に合わせて動かします。この動きはヨーガのストレッチになるだけでなく、顔や体の各部分に気づくきっかけになります。

「頭、肩、膝、とん、膝、とん、膝、とん、
頭、肩、膝、とん、目、耳、鼻、口」

ダイナミックなベビー・ロール

まだ1人では寝返りを打てなくても、ダイナミックな回転運動を取り入れて、赤ちゃんの体にいろんな角度からストレッチを加えてあげましょう。脚の上であなたが転がしてあげるのではなく、ここぞというポイントで手を貸して、赤ちゃんが自分で転がれるようにしてあげれば、赤ちゃんは自力で達成できたという新しい感動を味わえます。これは新たな親子関係の始まりでもあります。赤ちゃんはまだお母さんの働きかけを待っていますが、自力でやってみようとするでしょう。お母さんの見守る中で、小さな冒険の始まりです。

1 初めてのベビー・ロール

体の力が抜ければ、脚の上にあお向けになるのはとても楽しいものですが、赤ちゃんがなかなか力を抜けない時は、初めてのローリング(44-45ページ)に戻ってみましょう。そこからあなたの脚の上をごろごろといろんなスピードで転がしてあげます。始めと終わりにはちょっと楽しい演出を考え、最後は抱き上げます。それからもう一度、脚の上に赤ちゃんをあお向けにしてみます。まるで布の人形のように力が抜けていたら、改めて脚全体をひと息に転がしてみましょう。そのうち力を抜いた方が簡単に転がれることに赤ちゃんも気づいていきます。

2 4ヶ月を過ぎた赤ちゃんなら、ちょっと肩を押してあげると簡単に転がれるでしょう。でも完全に回転するにはお尻を押してあげる必要もあるかもしれません。赤ちゃんがタイミングをつかむにつれ、手を貸してあげるのも、最初はお尻と腕、次は腕だけ、という風に減っていくでしょう。あなたのサポートがうまくなればなるほど、赤ちゃんは自分で転がるのが楽になります。何度か練習すれば、二人の動きはぴったり息が合うようになっていくでしょう。

3 足首まで来たら一時停止してみましょう。やった、ゴールだ、とリラックスする赤ちゃんもいれば、どうしたんだ？ 何が起こるんだろう？ と想像力を働かせ始める赤ちゃんもいます。ママは助けに来てくれるかな…。楽しいドラマが急に悲劇に変わる場合もありますので、赤ちゃんの様子を観察して、迎えにいってあげましょう。

4 コミュニケーションは常にベビーヨーガの要素ですが、赤ちゃんが迷って解決策が分からなくなった時には特に重要です。もっと小さい頃は、そういう場合の対処法は迎えにいって抱っこしてあげることでした。でもこれからは、自力でその状況を突破する方法を教えてほしいのか、それともすぐに助けて安心させてほしいのか、見極める必要があります。このように、ベビーヨーガで子育てのヒントが得られるのです。

5 赤ちゃんを迎えにいって、あなたの方に戻してくる時、腹筋と骨盤底筋を意識して引き締めながらやれば、ヨーガの前曲げのポーズの効果があります。もう一度転がりたいかどうかは赤ちゃんに決めてもらいますが、3往復までにしましょう。

6 もっと小さい頃は、長い動きの後の抱っこは、安心できるおうちに帰ってきたようなものでした。成長するにつれて、抱っこは次の動作の前のひと休みになります。いずれにしても、抱っこはいつまでも赤ちゃん達にとって「帰る場所」です。

シーソー

安全抱っこの手すりの腕はそのままに、赤ちゃんを太ももの上に横向きに座らせます。赤ちゃんの胸と背中を両手ではさみ、体重を乗せていない方の手から離し、シーソーのように前後に小さく倒します。徐々に手の距離を大きくしていきましょう。

後ろにストン

小さなシーソーを喜んでいるようなら、赤ちゃんが座っている脚を少し曲げて、背中の手の力を抜きながら、赤ちゃんを後ろに倒します。ちょうど良い位置で赤ちゃんをキャッチしましょう。もしびっくりして両手をバンザイしたら、なだめながら元のシーソーに戻します。赤ちゃんがリラックスしたら、また挑戦してみましょう。

前に立っち

今度はあなたのもう片方の脚を少し曲げて、赤ちゃんの背中を少し押してあげれば、赤ちゃんが起き上がった拍子にタイミングよく両脚を床につけて前に立ち上がるでしょう。両手で赤ちゃんの胸と背中を支えてあげると、ほとんどの赤ちゃんは喜んでしばらく立っていて、それからストンとお尻を落として座るでしょう。まだ立つ準備ができてない赤ちゃんは、すぐにお尻を落とすか、前にひざまずくはずです。このシーソーのバランスを3回くり返します。

上手なお座りのバランス

座った姿勢からのバランス体操は、体を良い姿勢に保つ力をつけます。バランスは伝統的なヨーガでも、神経系を刺激し、集中を高めるための重要な方法です。赤ちゃんのバランスは、支えの中で前後に動くシーソーです。赤ちゃんが後ろに倒れるのを嫌がるのは、「立直り反射」という、倒れそうになると体を直立に戻そうとする新生児反射の名残ですから、無理強いはせずに様子を見て、楽しくできるチャンスを待ちましょう。この体操は、お母さんが不安を抱くことなく、少しずつ赤ちゃんへの支えを減らしていく練習にもなります。

荒海バランス

赤ちゃんが笑顔で楽しそうなら、両手の距離を思い切って広げてみましょう。後ろにストンと倒れる時は、胸に当てていた手を完全に離し、立ち上がる時には背中側の手を離して胸の方だけを支えます。

お膝の平均台

どちらかの膝を立てて赤ちゃんをまたがらせます。赤ちゃんは3つのポイント（あなたの膝、胸を支える手、背中を支える手）だけでサポートされるので、骨盤周辺の強化に役立ちます。あなたの手と自分自身の体でバランスを取りながら、赤ちゃんは背中と体幹を伸ばしていきます。最初はあなたの膝にしがみつくかもしれませんが、だんだん自信を持って腰を伸ばし、両手を広げ、やがて完全にバランスが取れるようになるでしょう。

お膝の平均台で腕のストレッチ

赤ちゃんの腰がすわってきたら、あなたの膝に片膝でも両膝でもいいのでまたがらせ、腕をストレッチしてみましょう。時期が早すぎるとバランスを保てませんから、その場合には手をつかんだまま膝を落とし、楽しく床に着地させてあげます。あなたの手は、最初は赤ちゃんの胴体をしっかりかかえ、それから腕を持ってみましょう。最終的には手首から先を持ち、赤ちゃんの腕を伸ばしてバンザイし、それから斜めに伸ばしてあげます。

アップサイド・ダウン(逆さま体操)

赤ちゃんの成長に伴い、うつ伏せタイムにも楽しく変化を持たせて、赤ちゃんの背中をもっと伸ばしてあげましょう。まずはジェットコースターでしっかりコツをつかんでから、初めての逆さま体操に移りましょう。赤ちゃんを逆さまにするとびっくりされますが、実際には安全な体操で、赤ちゃんは大喜びします。ただし、注意事項を守って進めてください。

ジェットコースター

まずは、うつ伏せでバランスを取るのが、逆さま体操の基本です。
お膝のジェットコースターを体験させてあげましょう。
スリル満点にするか、ゆるやかなものにするかは、赤ちゃんのお好みで。

1 太ももの上に赤ちゃんをゆったりと横たえ、左右の膝を交互に曲げたり伸ばしたりして、赤ちゃんを上向きに、下向きに、と傾けます。赤ちゃんの反応を見てみましょう。

2 2人とも準備が整ったら、赤ちゃんの足首をしっかり握って、下半身側の膝を曲げます。膝を少しずつ上げながら、もう一方の手は安全のためにあごに添えます。これは次の逆さま体操に進むための準備体操で、全く安全な動きです。この時の様子で、次に進むかどうか決めましょう。

注意事項

赤ちゃんを逆さま体操から下ろす時、必ず赤ちゃんの胸から着地するようにします。決して頭から下ろして首がねじれることのないようにしてください。自信がなければ最初のうちは柔らかいベッドの上で、そのうちに自信がつけばマットの上でもできるようになってきます。

横向きの逆さま体操（お尻を持って）

早い時期から逆さま体操をすると赤ちゃんに自信が芽生え、あなたとの信頼関係も強まります。ヨーガのシルシアサナ（倒立）と同じ効果があり、背骨を伸ばし、脳への血流を促し、肺をきれいにし、神経系に刺激を与えてくれます。まずは横からお尻を持ってやってみましょう。

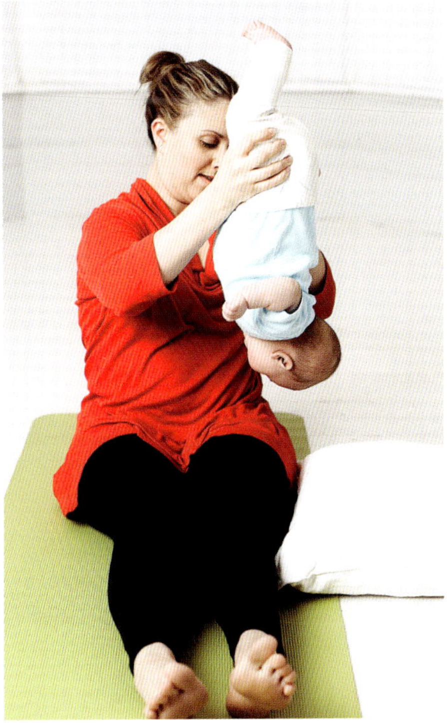

1 赤ちゃんを太ももの上に横たえます。あなたの利き手側に赤ちゃんの足が来ます。頭が乗っている脚のそばには、必ず座布団や枕などを置いてください。何度かジェットコースターをやったら、両手を赤ちゃんのお尻まで動かし、お尻の下からしっかりと、大丈夫だと思う高さまで赤ちゃんを持ち上げます。赤ちゃんの顔が見えますので、必ず赤ちゃんの反応を見ながら行います。

2 赤ちゃんを下ろす時は、枕が置いてある方の膝を曲げて、太ももで赤ちゃんの胸を支えながらゆっくり下ろしていきます。赤ちゃんはあなたの顔を見ようとして頭を上げるので、背中がよくストレッチされます。この体操は多くても3回までにします。

初めての逆さま体操

初めての逆さま体操は、足首ではなくお尻を持って行い、そこから少しずつ発展させていきます。それぞれの説明にしっかり従ってください。

宙返り（お尻を持って）

赤ちゃんを逆さまにするのに慣れてきて、赤ちゃんも喜んでいたら、今度は宙返りに挑戦してみましょう。赤ちゃんはあちら向きになり、最後にまたあなたと顔を合わせます。これは赤ちゃんにとっては大冒険。笑顔でおかえり！　と言ってあげましょう。あなたのサポートがスムーズになるほど、赤ちゃんはこのダイナミックな動きを楽しむようになります。

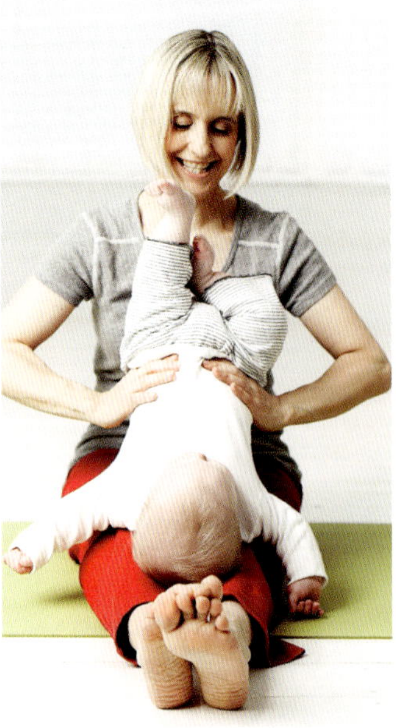

1 脚をまっすぐに伸ばして座ります。脚の上に赤ちゃんをあお向けに寝かせ、顔を見合わせます。お尻をしっかりとつかみましょう。

2 まず息を吸い込みながら、赤ちゃんの体をあなたの方に引き寄せ、逆さまに持ち上げます。一連の動きが途切れないように。

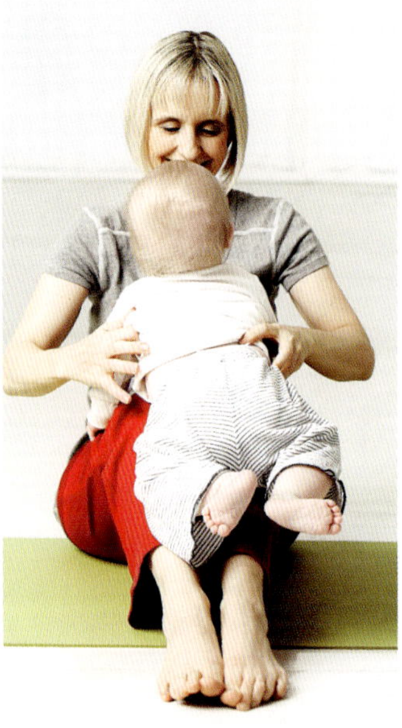

3 それと同時に膝を曲げます。今度は息を吐きながら、そっと赤ちゃんの胸があなたの膝に着地するように下ろします。赤ちゃんの頭はあなたの膝の上に来ます。

4 赤ちゃんの体をつかんでいる手を持ち替え、赤ちゃんを持ち上げ、あなたの膝を伸ばして座らせます。

赤ちゃんがもう一度やっても大丈夫な様子なら、優しく最初のあお向けの状態に戻して、もう一回転します。呼吸に合わせて動く練習をしましょう。この体操は3回まで、それ以上はやらないでください。

「たかいたかい」のリフト

4ヶ月過ぎの赤ちゃんは「たかいたかい」が大好きですが、放り上げるにはまだ早いので、少しずつ高さを上げていき、やがて宙に舞う瞬間に備えましょう。高いリフトが好きかどうかは赤ちゃんによって違います。リフトはお母さんのゆるんだ腹筋を引き締め、背中と腰を強化するにも効果抜群。持ち上げる時に息を吸い、上に伸びながら吐いてください。

座った姿勢で持ち上げる

赤ちゃんのわきの下をしっかり抱えます。赤ちゃんはこちら向きでも向こう向きでも構いません。息を吸い、できるだけ高く赤ちゃんを持ち上げます。息を吐き、赤ちゃんをマットに下ろします。速さは赤ちゃんのお好みで。歌と一緒に、お座りのバランス体操（63-64ページ）と組み合わせても良いでしょう。

「ズーム　ズーム　ズーム
月へ行くぞ。用意はいいかい？
5、4、3、2、1、発射　ズーム！」

膝立ちから持ち上げる

正座して膝の上に赤ちゃんを向こう向きに座らせます。肋骨をしっかりとつかみ、息を吸って腰を上げ、体を伸ばして赤ちゃんを持ち上げます。できれば自分の頭より高く。息を吐きながら赤ちゃんを下ろしますが、この時、背中をまっすぐに保ったまま正座に戻りましょう。

膝立ちになる時に、骨盤底筋を引き上げながら行うと、産後の引き締め効果が増します。赤ちゃんを持ち上げる途中や、下ろす途中でストップして一呼吸する動きを加えると、効果が高まりますし、赤ちゃんも喜びます。

「たかいたかい」のリフト

赤ちゃんを床から抱き上げる。日に何度となく行うこの動作も、身体の動きや呼吸を意識して行えば、楽しい「ヨーガ」になります。足はしっかりと床を踏みしめ、膝を曲げてから赤ちゃんを持ち上げましょう。

ちょうちょのブランコ

赤ちゃんをあやす時の優しい横揺れに上下のダイナミックな動きを加えたのが「ブランコ」です。必ず4ヶ月を過ぎてから行います。4ヶ月過ぎの赤ちゃんが大好きなこのちょうちょのブランコは、1人でお座りするために必要な背中の筋力とバランスを養います。あなたの背中や腰を守り、強化するためにも、最初は膝をついた姿勢で行いましょう。赤ちゃんを抱き上げたり下ろすにも楽な方法です。

4ヶ月過ぎの赤ちゃんでも、このポーズで持ち上げた時にお尻がずり落ちてしまう場合には、ブランコで揺らすのはもうしばらく待ちましょう。

ちょうちょの膝立ちリフト

ちょうちょのポーズで赤ちゃんを座らせます。赤ちゃんの両腕の下を通って足首をしっかりとつかみ、息を吸いながら膝立ちになります。赤ちゃんの腰があなたのおへその位置に来るように持ち上げましょう。それから、息を吐きながら赤ちゃんを床に下ろします。この動作に慣れるまで、何度かくり返してみましょう。

歌いながらちょうちょのブランコ

赤ちゃんの体を持ち上げたら、お尻がずり落ちていないかチェックして、ほんの少し赤ちゃんを前かがみにすることで安定させます。赤ちゃんの肘はあなたの腕の前でリラックスしていますか？　まず始めにゆっくり揺らしてみましょう。それから徐々に振り幅を大きくしてみましょう。ゆっくり、それとも速く？ 今日は優しいのがいいかな、大きいのがいいかな？ 赤ちゃんに尋ねて。おなじみの「ちょうちょ」の歌を歌ってあげるのもいいですね。

「ちょうちょ　ちょうちょ　菜の花にとまれ
菜の花に　あいたら　桜に　とまれ
桜の花の　花から　花へ
とまれよ　遊べ　遊べよ　とまれ」

終わる時には赤ちゃんを床に下ろし、足の裏同士をトントンとたたいて、手を離します。

立ってちょうちょのリフト

膝をついた姿勢で持ち上げたり揺らしたりすることに慣れたら、床に座った赤ちゃんを立ったまま抱き上げてみましょう。しっかり床を踏みしめ、スクワットの要領で軽く膝を曲げます。両腕を赤ちゃんのわきの下から差し入れ、両足を握って合わせ、ちょうちょのポーズを作ります。息を吸って、赤ちゃんを持ち上げます。あなたの体にできるだけ近づけると楽にできます。あなたのおへそと恥骨の間で赤ちゃんのお尻を支えると、そのまま余計な動作をせずに、上手にハイチェアやベビーシートに座らせることができます。
また、このリフトから立ったままでダイナミックなちょうちょのブランコができます。赤ちゃんは重くなっていきますから、立ってちょうちょのブランコをする時には、腰を保護するため、膝を軽く曲げておきましょう。

ヨーガ・ウォーク

ヨーガ・ウォークはいつでもどこでも楽しめて、赤ちゃんの成長には良い刺激が、産後のお母さんには引き締め効果があります。ヨーガの立位のポーズの要素が多く含まれていて、初めてのお母さんにもヨーガを再開したいお母さんにも適した導入になります。

赤ちゃんを抱っこしたまま何かをやりたい時にも役立ちます。片手が自由になりますし、体の重心をうまく使い、赤ちゃんの重みに耐えられるようになるのです。世界中のお母さん達が、同じようなやり方で、赤ちゃんを抱いたまま家事をしたり、ダンスをしています。

1 ツイスト・ウォーク

赤ちゃんを安全なリラックス抱っこで抱きます。片方の膝を楽に上がる高さまで持ち上げると同時に、その外側の腰骨の上に赤ちゃんをスライドさせます。次に上げた脚を下ろしながら、赤ちゃんを反対側の腰骨にスライドさせ、反対の膝を持ち上げます。一定のリズムで行い、呼吸を合わせてみましょう。その場で足踏みするだけでもいいでしょう。この躍動感あふれるツイストなら、赤ちゃんにもしっかり参加してもらえます。慣れてきたらスキップしてみてもいいでしょう。でも、赤ちゃんをスライドさせる動きはスムーズに。

2 脚上げ

赤ちゃんに力がついてきて、ツイスト歩きにも自信がついてきたら、赤ちゃんを抱いたまま脚を高く上げて元気をつけましょう。これにはまず、片腕のリラックス抱っこができるようになる必要があります。そして赤ちゃんが、ウエストのくびれではなく、腰骨に乗っていることです。これが重くなった赤ちゃんを抱えて動くコツです。赤ちゃんが正しい位置に来ていたら、片脚を思い切り伸ばして振り上げてみましょう。赤ちゃんを左右にスライドさせながら、交互に脚を上げていきます。

3 バランス・ウォーク

このバランス・ウォークでは、赤ちゃんの体重を半ば片脚に乗せたまま、スムーズに赤ちゃんを反対の脚へ移動させます。赤ちゃんが重くなってくると役に立つテクニックです。まず安全なリラックス抱っこをし、片方の膝を上げ、太ももに赤ちゃんをまたがらせ、背中を体で支えてあげます。赤ちゃんの胸を片手で支え、あなたは必要なら踏み台に脚を乗せましょう。脚を替える時は、空いている方の手を赤ちゃんの胸に回しながら赤ちゃんを真横にすべらせ、上げていた脚を下ろしてもう片方の脚を上げると、自然に赤ちゃんは移動します。この動きを何回かくり返せば、十分なエクササイズになるでしょう。

4 ヒーロー・ウォーク

ヨーガの英雄《ヒーロー》のポーズを応用したもので、前に踏み出した脚に赤ちゃんを座らせて全身をしっかり伸ばしながら、赤ちゃんを抱いて歩く際のバランス感覚を身につけます。3で赤ちゃんを太ももに乗せてバランスが取れるようになったら、前に一歩踏み出し、空いている腕を高く伸ばしてみましょう。後ろ足のかかとから伸ばした手の指先までよく伸ばして。そして後ろの脚を前の脚にそろえて赤ちゃんをすべらせて、反対側も行います。この動きに自信がついてきたら足を踏み出す時に弾みをつけ、大きく息を吸ったり吐いたりしながら力強く歩いてみましょう。

5 かわいい小包み

ウエストの位置で赤ちゃんを下向きにして、おなかにしっかり上腕を回して抱えます。赤ちゃんにもお母さんにも、びっくりするくらい楽な方法です。この体勢なら腰が安定し、肩の力も抜けますので、大またで歩いたり、スキップしたり、小走りすることだってできます。赤ちゃんが重くなってきたら、膝を軽く曲げて、関節に負担がかからないように坂道や階段を上り下りすることもできます。

6 ちょっぴりワルツ

ヨーガ・ウォークはダンスで締めくくりましょう。赤ちゃんの大好きな3拍子のワルツを踊ります。腰骨の上に赤ちゃんをまたがらせて向かい合い、片手で赤ちゃんの腰を支えます。空いた手で赤ちゃんと手をつなぎ、二人で楽しく踊りましょう。

おやすみ前のベビーヨーガ

たくさん体を動かした後は、ペースを落とし、長く息を吐いて深呼吸し、静かに赤ちゃんに語りかけましょう。さあ、眠る時間よ、と教えてあげるのです。赤ちゃんを大して泣かせもせず、すんなり寝かしつける人々を見てきて、気がついたことがあります。それは、母親がボディ・ランゲージを使ってはっきり意思表示をすること、そして赤ちゃんの反応に気づけるようになること、こういった能力を私たちが上達させることで、赤ちゃんも幸せな気持ちで眠りにつけるということです。

ここで紹介するのは、活動的な状態から入眠のための静かな状態へシフトしていける具体的な方法です。大切なのは、赤ちゃんと一緒にあなた自身もリラックスしていくこと。あなたがリラックスしてこそ、赤ちゃんをおだやかな眠りにいざなえるのだということを覚えておいてください。これらのリラックス法は、赤ちゃんが夜中に目を覚ました時にも役立ちますし、赤ちゃんが目を覚ますこと自体も減っていくでしょう。

おやすみのリクライニング・シート

神経系に働きかける動きで、赤ちゃんは眠くなります。
最初は膝をついた姿勢で、慣れてきたらリラックス・ウォークと効果的に組み合わせることができるでしょう。

縦抱きから赤ちゃんの体をゆっくり傾け、顔を見合わせます。頭と腰を手で支えれば、どの月齢でも安全です。もし重いと感じたら、赤ちゃんの腰をもっと近づけてみましょう。赤ちゃんと視線を合わせ、眠るってどんなに素敵なことか、語りかけてあげましょう。

ぐっすり眠ってね、と願いながら、抱き寄せてキスをしてあげましょう。お母さんのこのボディ・ランゲージは、赤ちゃんに「すべてはうまくいっている。安心して眠りなさい」と伝えるのに理想的な方法です。赤ちゃんが眠るためには、安心感が必要なのです。

ムドラーで静まる、つながる

手で印を結ぶムドラーには精神的な意味があり、昔からインドでは赤ちゃんを静めるためにも使われます。就寝前のマッサージと組み合わせたり、単独でもできます。これらのムドラーや抱っこは、しばらく離れていた後で親子のつながりを再確認したり、赤ちゃんが怒ったり傷ついてしまった後になぐさめてあげるための楽しいおまじないとして、一役買ってくれるでしょう。

赤ちゃんを向こう向きに膝の上に抱くか、赤ちゃんの好みによっては片方の太ももにまたがらせて座ります。赤ちゃんの手を間にはさむか、あなたの手首を持たせ、合掌します。合掌（両手を合わせる）は、ムドラーのもっとも基本的なものです。指先を上下に動かして、蛇のようにくねらせると、赤ちゃんは集中して静かになってくるでしょう。

あぐらか正座で座り、赤ちゃんを向こう向きに抱きます。赤ちゃんの腕と脚を交差させ、それぞれの手足をあなたの手で結びます。このままゆらゆら揺れて、赤ちゃんの好きな歌を歌ってあげましょう。

アイ・トラッキング
（視線で追わせる）

動くものをじっと見つめ、目で追っていると、赤ちゃんは落ち着いてきます。人差し指をすーっと横に動かして赤ちゃんの注意を引き、また正面に戻してみましょう。赤ちゃんが寝る部屋をリラックスして歩きながら、アイ・トラッキングを組み合わせると、寝かしつけにとても効果があります。

第4章 赤ちゃんと一緒に産後のヨーガ

赤ちゃんと一緒に運動するのは、最初は大変ですが、お互いにとってメリットがあります。これから紹介する産後のヨーガは、呼吸法と背骨の動きにより、お母さんの腹筋・腰筋を含む体の深層部を引き締めます。基本のストレッチは初心者でも簡単にでき、しかも産後の女性の体に効果抜群です。もし、もう別の産後体操を始めているなら、それと組み合わせることもできますし、どんな種類のお産だったとしても、いつからでも始められます。

一緒に運動すればするほど、赤ちゃんにはそれが当たり前のことになります。生まれたばかりの赤ちゃんは実にいろんなことを覚えるので、あなたもびっくりすることでしょう。あなたのヨーガの時間にも赤ちゃんを邪魔者扱いせず、むしろ一緒にできるようになれば、赤ちゃんと一緒のどんな時でも、あなたは本来の自分を見失うことなく、主体的であるための秘訣がつかめるでしょう。

骨盤周辺の筋肉を整える

あお向けになり、膝を曲げます。足は体から近すぎず、遠すぎず。この体操ではちょうど良い位置に脚を置くことが大切です。赤ちゃんはこちら向きにあなたの太ももにもたれさせて、手首を持ちます。お座りができる赤ちゃんなら体の上に座らせてもいいでしょう。まず1つずつ順番にやってみましょう。慣れるとすぐに全体を通してできるようになります。

1 まず息を吸い、吐きながら腰のアーチをマットへ押し付けていきます。これは腹筋を背中の方に引き上げるヨーガの伝統的な技法を応用したもので、腹筋を引き締める効果があります。吐く息で足の裏でマットを強く押し、可能なら頭を持ち上げて赤ちゃんの顔を見れば（前ページ参照）もっと効果があります。次に、息を吸いながら首の力を抜いて頭を下ろし、お尻を少し持ち上げましょう。一定のリズムで呼吸しながら、赤ちゃんのご機嫌を伺いつつ6回くり返し、終わったら少し休みます。

2 呼吸に合わせてできるようになったら、次に息を吸いながら骨盤底筋を内側に引き締め、そのまま保ちつつ、息を吐いていきます。慣れてきたら、この時さらに内側に引き上げてみましょう。そして吐き切る時に力をゆるめます。一呼吸してもう一度やってみましょう。1と同じく足の裏を押し付け、顔を持ち上げることで負荷を強くすることができます。骨盤底筋を引き締めている間は顔を上げておき、最後に吐き切ってゆるめる時に頭を下げてリラックスします。

3 骨盤底筋に加えて腰とお尻の筋肉も引き締めるには、この方法で。頭と背中を床につけ、息を吸いながら足で床を押し、お尻を持ち上げます。次に、吐きながらお尻の筋肉を引き締め、同時に骨盤底筋も引き上げます。吐き切る時に力を抜いて腰を下ろし、一呼吸しながら赤ちゃんの顔を見ましょう。練習すれば、1、2、3を組み合わせてやれるようになるでしょう。

垂直のポーズ

まず膝を曲げたまま脚を少し上げ、それからゆっくり上に伸ばしてみましょう。深い呼吸で行うことで、腹筋と腰筋をおだやかに強化することができます。赤ちゃんも脚を上げてあなたと同じ格好になります。骨盤を床のほうに少し押し、安定させましょう。初めは少しきつく感じるかもしれませんが、徐々に深い呼吸が身につき、無理せず脚を上げたままでいられるようになれば、あなたも赤ちゃんもリラックスできるはずです。脚が震えるようであれば、膝を曲げて。少しずつ練習して脚を上げられるようになりましょう。

ベビー・フライ（空飛ぶ赤ちゃん）

赤ちゃんが大好きなこのヨーガは、適切な体勢と呼吸法でやれば、腹筋と背筋を整えるのに最適です。

1 背中はまっすぐ、膝を曲げてあお向けになります。赤ちゃんをこちら向きにして、太ももにもたれさせるか、座らせます。手を伸ばして、息を吸いながら赤ちゃんのわきをしっかり持ち上げ、赤ちゃんの顔が自分の真上にくるように「飛ばし」てあげます。息を吐きながらあなたの足の裏と腰をマットに押し付けます。

2 膝を持ち上げます。初めは片膝ずつ（息を吸いながら曲げて二呼吸で）、慣れてきたら両膝を息を吸いながらひと息で曲げます。そして、吐きながら赤ちゃんをすねの上に乗せます。あなたが快適で赤ちゃんも喜んでいれば、これは骨盤底をしっかり整えるのに理想的なポーズです。吸いながら引き締め、吐きながらさらに引き締め、吐き切る時に力をゆるめます。赤ちゃんが嫌がらなければ、これを6回行います。赤ちゃんの体重がかかるのでやりやすく、効果的です。

3 赤ちゃんを抱えたまま、深く息を吸って起き上がり、息を吐きながら背中をまっすぐ伸ばしましょう。これで終わってもかまいませんが、シーソーのように、もう一度寝転んで起き上がってもいいでしょう。ここでも赤ちゃんの体重が良いサポートになります。帝王切開で出産したお母さんは、産後3ヶ月はこの3の動きは控え、赤ちゃんを飛ばすリフト（1、2）も1日3回までにとどめてください。

ボートのポーズ

伝統的なボートのポーズは腰周りの背筋と腹筋を調節するポーズですが、少し難易度が高いので、このポーズをきちんとやるにはある程度ヨーガの経験が必要です。また、ヨーガ経験者も産後3ヶ月は控えた方が良いでしょう。ヨーガ初心者の場合は1だけでも効果があります。4白鳥のポーズは、赤ちゃんも喜びますし、あなたには素晴らしいリラックス効果があります。

1 マットに膝を曲げて座り、脚をそろえます。赤ちゃんは向こう向きにあなたに寄りかかり、脚はあなたの太ももの上で伸ばします。前方に腕を伸ばして、深い呼吸をくり返します。呼吸が深くなればなるほど、背骨をまっすぐ伸ばすことができます。これは見た目より激しい運動です。腕をゆるめて、さらに深い呼吸を続けましょう。

2 足をマットにつけた状態で背中をまっすぐ伸ばせるようになったら、次のステップに移ります。息を吸って腕を持ち上げ、息を吐きながら腕を下ろし、床と平行に伸ばしたら、膝を曲げた脚も腕と一直線になるように持ち上げます。この時、赤ちゃんもボートのポーズになっています。呼吸は常に深く。このポーズは数秒だけにして、最初の座った姿勢に戻り、腕の力を抜きましょう。

3 2で背中をまっすぐに保っていられるなら、息を吐きながら腕を下ろす時に、今度は膝を伸ばして、上げる脚をまっすぐにしてみましょう。深く呼吸しながら、腰を伸ばすことに意識を向け、V字型に脚を伸ばしていきます。筋肉の緊張が上がってきたら、力をゆるめてください。

4 正座の姿勢から体を前に倒し、頭を床につけます。この白鳥のポーズでボートのポーズとの釣り合いを取り、体の緊張を取ります。おんぶができるぐらい成長していたら、赤ちゃんを背中に乗せてストレッチをサポートしてもらいます。深い呼吸と共に行うと、とてもリラックスできます。今のあなたに必要な癒しのひとときになるかもしれません。

腰を強化する

　腰は妊娠そのものでも弱っている上、産後は重い荷物を持つことも増えるため、どうしても痛めやすい部分です。ここで紹介するキャット・ロールは、腰痛を予防し、和らげてくれます。これは腰が痛いときにはいつでもでき、定期的に行えば、腰を鍛えることができます。また、あなたの顔が近づいたり離れたりするので、赤ちゃんも面白がって大喜びします。この流れるような動きは、ひざまずいて行う産後初めての太陽礼拝でもあります。

1 膝がお尻の真下、両手が肩の真下に来るようにします。赤ちゃんは、顔がちょうどあなたと向き合うように、あお向けに寝かすのが良いでしょう。赤ちゃんの顔を見ながら少し肩を持ち上げて、背中をまっすぐ伸ばし、首と背骨が一直線になるようにします。これが猫のポーズです。

2 まず息を吸って、次に吐きながら腰をよく伸ばしてかかとに近づけ、後ろに体を引きます。この時、手は動かないようにします。

3 もう一度息を吸い、肘を少し曲げます。長く息を吐きながら体を前に動かします。あなたの顔は、赤ちゃんのおなかから胸を通って、顔の正面まで移動します。

4 腕がまっすぐになるまで、そのまま体を前に動かします。息を吸いながら肩を持ち上げ、今度は背中を上に丸めます。

5 息を吐きながら再び腰を伸ばし、かかとに体を下ろします。

6 ここで今度はいったん動きを止め、腰周辺を気持ち良くゆるめてみましょう。ゆったりした呼吸をくり返します。息を吸いながら3の要領で再び体を前に移動し、腕を伸ばしましょう。

これを3回くり返します。これは骨盤底筋の引き締めに続いて、産後のヨーガの基本です。毎朝の習慣にできれば理想的です。

立って行う産後のヨーガ

そろそろ立位のポーズをやっても大丈夫だと思ったら、高く伸びるストレッチ、三角のポーズ、上半身を倒すストレッチを組み合わせて、授乳や抱っこで固まりがちな筋肉を十分に伸ばしましょう。たった数分でも気分がリフレッシュされ、新たなエネルギーがわいてきます。

高くストレッチ

1 赤ちゃんをあお向けに寝かせ、その正面に立って、赤ちゃんの足のすぐ側に片足を置き、もう片方の足をちょうど良い距離だけ後ろに引きます。産後の骨盤の靭帯はまだ柔らかく、伸ばしすぎると痛めてしまうので注意してください。息を吸いながらゆっくり両腕を前から持ち上げ、頭上に伸ばし、足から両手の指先まで十分にストレッチしましょう。

2 息を吐きながら腕を前方に下ろします。大きな弧を描くように、赤ちゃんが寝ている床の方に下ろしていきます。この時、後ろの足はしっかりと床につけておきます。

3 赤ちゃんの肩から足までなでてあげます。膝を曲げても構いません。足までなでたら、少し小刻みに揺すってあげましょう。そうすれば赤ちゃんも参加している気分になれます。ここまでを3回くり返し、足を替えて同じことをくり返します。ここで終了しても十分な効果が得られます。

簡単な三角のポーズ

前ページの3から、後ろの足を外側に向けて、同じ側の腕を息を吸いながら上げていきます。上まで上がったら、息を吐きながらその姿勢をしばらく維持します。もう片方の手は前脚の上のちょうど良い位置に置きます。できる人は頭をゆっくり持ち上げて上の手を見ると、胸が大きく回転します。一呼吸してから、息を吐きながらゆっくり腕を下ろします。もう一度赤ちゃんの足を細かく揺すって、こんにちはのあいさつをしたら、反対側も同じように行います。終わったら赤ちゃんの前で白鳥のポーズ(77ページ)になり、少し休みましょう。

上半身を倒すストレッチ（シンプル）

ここまでのスタンディング・ポーズの締めくくりに、気持ち良くしっかり背骨をストレッチしましょう。腕を組み、肘をつかんで頭の上に伸ばし、背中全体を伸ばします。息を吐くたびに肘水平方向に引っ張りましょう。膝は必ずゆるめておきますが、必要なら曲げても構いません。腕をほどき、赤ちゃんを上から下まで優しくなで、あいさつをします。

上半身を倒すストレッチ（クラシック）

基本の三角のポーズの足位置から、両手を背中へ回します。肩甲骨の所で手のひらを合わせられれば理想的ですが、難しければウエストの高さで肘と肘を持ちましょう。一呼吸して、その立ち位置から後ろの足でしっかり床を踏み、前に倒れます。次に息を吐きながら上半身を水平方向にできるだけ伸ばし、赤ちゃんとアイ・コンタクトを取りましょう。背中が曲がってしまうようなら無理して倒さないように。息を吸って、吐きながら少しずつゆっくり体を起こして元の姿勢に戻ります。足を替えてもう一度行いましょう。

座って行う産後ストレッチ

妊娠中にはできなかった前屈とツイストで、背骨全体をよみがえらせましょう。床に座り、背筋を伸ばして行うことで、肩にたまった緊張をほぐします。必要に応じてヨーガ・ブロックや座布団などの上に座り、腰への負担を減らします。赤ちゃんは、向こう向きに座らせてあげるか、こちら向きに横たえてあげれば、あなたの動きを見て、そのうち真似をし始めるでしょう。

肩のストレッチ

背中ができるだけまっすぐになるように座ります。指先を肩に当て、息を吸って肘を横に持ち上げます。この時、首には力を入れないで。それから、息を吐きながら肘をストンと下ろします。3回くり返して、肩の力が抜けるのを感じてください。

肩を回す

同じ姿勢から肘を回します。前から後ろに回すと胸が開き、後ろから前に回す動きでは背中上部が楽になります。動きを呼吸のリズムに合わせ、吸い込むときに持ち上げて、吐きながら回すようにしましょう。

腕を開くストレッチ

両手を合わせて腕を前方に伸ばします。息を吸って、吐きながら腕を横に、なるべく遠くに指先までしっかり広げます。また息を吸いながら元の位置に戻ります。これを3回くり返しましょう。あなたがヨーガ初心者なら、呼吸をしながらゆっくりストレッチすることに最初は慣れないかもしれませんが、練習と共に筋肉の深部にまで届く感覚がつかめるようになります。そこで生み出される静かなエネルギーに、あなたは驚くことでしょう。

ヨーガ・ベルトやスカーフを使って、大きくダイナミックに横の動きや回す動きを組み合わせることができます。

簡単な前曲げ

1 腕を開くストレッチの後で、息を吸って、手のひらが前に向くように両腕を頭の上に持ち上げ、吐きながら上を見上げて高く伸ばします。

2 息を吸い、吐きながらゆっくり腕を前方に伸ばして、手がマットにつくまで体を倒します。そのまま深呼吸して、力を抜いて元の姿勢に体を起こします。最初は無理なく前屈するために、膝を曲げた方が良いかもしれません。

やさしいツイスト

ツイストでは、背骨をねじった状態を保って呼吸をくり返すことで、腹筋と背筋を整えながら上半身を開くことができます。このポーズは、腹直筋離開（産後は2本の腹直筋の間が開いています。おへその上を指で押すと、すき間があるのが分かります）を戻すのに効果があり、骨盤の結合組織にも働きかけます。正座で片手の甲を反対側の膝の外側に当て、息を吸いながらもう一方の手を体の後ろに回し、床につけます。両手をレバーのように使い、背骨の下から上へ、息を吐くたびにだんだんとねじっていきます。そこから余裕があれば、頭も背骨のねじりに添って無理せず回します。ヨーガの「静的なストレッチング」を味わってください。この安定と快適さの中に大きな効果が生まれます。

ボート漕ぎの前屈

赤ちゃんが1人で床から起き上がれるようになったら、この向かい合ってボートを漕ぐ楽しい前屈をやってみましょう。動きに合わせて呼吸をします。歌を歌っても良いでしょう。開脚の開き具合でストレッチの難易度を調節できます。脚を閉じれば閉じるほどクラシックなヨーガの前屈に近くなり、ウエストを細くするなどの効果も同じになります。

四つん這いで行う産後ストレッチ

このストレッチには、産後の背骨の歪みを矯正して正常な状態に戻す効果があり、バランスの取れた良い姿勢を取り戻すことができます。最初はゆっくり、長く呼吸しながら行うことで、最大の効果を得られるようにします。その後、赤ちゃんも真似したくなるようなよりダイナミックな動きへと進みます。妊娠中に行っても同じ効果が得られるものもあります。

四つん這いで対角ストレッチ

安定して正しい姿勢の猫のポーズ（78ページ）を取ります。息を吸いながら片脚を後ろへ伸ばし、反対の腕を水平に伸ばします。息を吐きながら手足を十分伸ばしますが、この時、お尻を膝の上の位置にじっと保つように気をつけます。猫のポーズに戻り、お尻をゆるめ、腰の力を抜きます。反対側も同じように。自分の呼吸のペースで3回くり返しましょう。

四つん這いで脚上げ・前曲げ

1 猫のポーズで、両手が肩の下にあることを確認してください。息を吸って、片足を後ろへ伸ばし、水平かもう少し高く上げます。背中のストレッチを意識して息を吐きましょう。上げた方の脚はリラックスさせ、足先を外側へ向けるか、つま先まで伸ばすか、腰が楽な方で行いましょう。

2 息を吸いながら脚を曲げていきます。息をしっかり吐きながら、背中を丸くして膝を顔の方に近づけます。それから四つん這いに戻ります。反対側も行い、3回くり返しましょう。腰に疲れを感じたら、腰痛の予防に1日に何度かこのストレッチを行いましょう。

オープン・ストレッチ

安定した猫のポーズから片方の脚を後ろに伸ばして腰を回し、体を横に向けます。もう一方の足の膝はやや内側に、足は外側に移動することで安定します。息を吸って、伸ばした脚と同じ側の手を頭の上に伸ばします。このオープン・ストレッチは、妊娠中でも産後でも効果があり、呼吸が深くなり、体は軽くなって、エネルギーがわいてくるでしょう。

スタンディング・ポーズ 産後編

赤ちゃんと一緒にスタンディング・ポーズを行うには、安全に抱っこができていることが第一です。赤ちゃんのポジションを移動する時は、最初はゆっくりやりましょう。あなたが次のポーズに移る時はギュッと抱いてあげて、赤ちゃんもこれらのポーズの一部なんだと知らせてあげましょう。あなたの安定感が増すにつれて、赤ちゃんも上手にバランスを取るようになるでしょう。

鷲のポーズ

深い呼吸で行うことで、腹筋を引き締めてくれるポーズです。ゆりかご抱っこ（18ページ）で赤ちゃんを抱き、片脚を曲げてもう片方の脚に巻きつけます。無理がなければふくらはぎに巻きつけてください。呼吸はゆっくり深く、吐く息をなるべく長くします。それから脚を戻して、リラックスしながら少し足踏みし、反対側も同じようにします。

膝を上げたバランス

片方の太ももに赤ちゃんをまたがらせ、できるだけ高く持ち上げます。しっかり腰が伸ばせるように、床についた足でしっかり地面を踏みしめて、腰をよく伸ばし、上半身の力は抜きましょう。息を長く吐いてゆっくりやれば、気持ちを落ち着かせる効果が高く、赤ちゃんをスライドさせて脚を替えながらリズミカルな呼吸で軽快に行えば、緊張がほぐれます。

木のポーズ

片脚を上げ、もう片方の脚の内側に置きます。上げた太ももの上の方に赤ちゃんを座らせ、膝を外側に向けます。ふらふらする時は、無理をしないで脚を下ろし、軽く足踏みをして、反対側でやってみましょう。

三角のポーズ

赤ちゃんを縦抱きにし、足を前後に開いて立ちます。後ろの足は少し内側に向けてしっかり床を踏みしめ、前の脚を伸ばします。片手でしっかり抱ける位置まで赤ちゃんを少しすべらせて下ろし、空いている手を伸ばして後ろの足に置きます。赤ちゃんを抱いていることで、より効果的に側面のストレッチができます。息を吐いて体を戻したら、反対側に移る前に脚の緊張を解きましょう。

産後のバック・ストレッチは段階を追って

後屈は、体の前面をしっかりと伸ばし、主に神経系とホルモンのバランスを整えます。ヨーガの経験が豊富な人でも、産後はなだらかなブリッジから始め、次に上体反らし、という具合に、必ずゆっくり進めてください。

マイルドなブリッジ

ここでのフォーカスは腰です。骨盤底を調節するブリッジのポーズ（75ページ）を取ります。赤ちゃんは両脚の間に座らせると良いでしょう。効果を上げるために両手を体の横でマットに押し付けます。尾骨を足に近づける要領で、ゆっくり何度か呼吸する間、このポーズを保ちましょう。3回行ったらゆっくり腰を下ろし、膝を抱えて胸に近づけ、しばらくその姿勢で腰の緊張をほぐします。

上半身を反らせる

床にまっすぐ座り、少し開いた脚の間に赤ちゃんを座らせ、あなたに寄りかからせます。両手を体の後ろにつき、背中を突き上げ、胸を開きましょう。呼吸は深く。頭は後ろに倒すと背中がよく伸びますが、無理に倒さないように、気持ちのいい位置を保ってください。

バック・ストレッチ

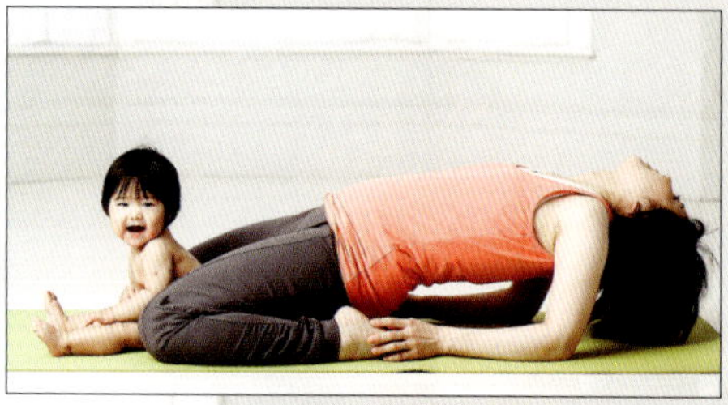

伝統的なこのポーズは、とてもリラックス効果の高いものですが、体の柔軟性と経験が必要なので、無理せずに行いましょう。かかとの間にお尻を落として座り、赤ちゃんは膝の間に座らせます。肘で支えながら少しずつ体を後ろに倒します。数週間練習したら、手で足をつかみ、頭をマットにつけてみましょう。その姿勢で何度か深呼吸してから、白鳥のポーズ（77ページ）で休みます。体を曲げる時には背中に無理な力がかからないようにゆっくり行いましょう。

注意事項

妊娠中には後屈はやらないでください。産後初めてやる時も、腰と背中の準備ができている必要があります。どんなに早くても、産後6ヶ月まではバック・ストレッチを完全にやるのは控えてください。

リラックス

どんなヨーガの後でも、効果を最大限にするために、必ずリラクゼーションを行うようにしましょう。特にバック・ストレッチを完全に行った後は、白鳥のポーズ（77ページ）か死体のポーズでリラックスします。

第5章 運動能力を育てるベビーヨーガ

生後1年半をかけて赤ちゃんは、寝返り、お座り、ハイハイなど自分で動く術《すべ》を身につけていきます。ハイハイをする前に立ち上がる赤ちゃんもいますが、どの子もやがて1人で立てるようになり、最終的には歩けるようになります。この時期の赤ちゃんの成長をどうサポートするかは文化によってさまざまですが、異文化比較の研究では、愛情を込めて適切な身体的刺激を与えれば、先進国より発展途上国の赤ちゃんの方がむしろ発達が良いということが分かってきました。抱っこやマッサージ、あるいはむき出しの土の上で遊んでもらう方が、次々と知育玩具を与えられるよりも赤ちゃんの発育には良いのかもしれません。ベビーヨーガでは、赤ちゃんが自分の体を思い通りに動かせた喜びの瞬間や、逆にうまくいかないフラストレーションに気づいてあげられます。ねんね期の赤ちゃんが自分の足を持って口元に運ぶようになったら、自分で寝返りをする喜びの時はもうすぐ。私たちがその瞬間の第一発見者となれるのです。そうすれば成長の喜びはもちろんのこと、赤ちゃんの喜びの瞬間に立ち会えたことに感謝の気持ちがわいてくるはず。この章では、こうした記念すべき瞬間を見逃さないためのヨーガを紹介します。このヨーガが、もしかしたらその瞬間を誘い出すきっかけになるかもしれません。

アクティブ・ヒップ・シークエンス

もうおなじみの動きを楽しく発展させ、赤ちゃんを元気良く動かして、思い通りに動けないフラストレーションを発散させてあげましょう。お座り、ハイハイ、立っちがもうすぐの赤ちゃんと初めてベビーヨーガを始める場合には、ダイナミック・ヒップ・シークエンス（54-55ページ）から始めてください。寝かされるのを嫌がったらお座りの姿勢でもできます。慣れてきたら、ここでのアクティブな動きを一つずつ取り入れましょう。

1 鋤《すき》のポーズ

このポーズは、赤ちゃんの腰の筋肉の発達を促します。甲状腺の働きを高め、消化を助け、血行を良くし、呼吸器系を強くしてくれるポーズでもあります。あまり動かなくて便秘がちな赤ちゃんに定期的に行うと、活発に体を動かすようになりますが、授乳後や食後にはやらないでください。赤ちゃんをあお向けにして脚を上げたら、膝のすぐ下を持ち、上に向かってよく伸ばします。決して無理にやらないように。それから尾骨がマットに近づくように優しく押し、背骨をしっかり伸ばしてあげましょう。そして、ゆるめます。赤ちゃんが喜んでいたら、脚を顔の上に向けて伸ばしてみましょう。（前ページ写真参照）

2 足をトントン、斜めのストレッチ

赤ちゃんの手を反対側の足に、優しく、というよりはむしろ力強く、リズムに乗って斜めのストレッチを何度かくり返しましょう。自分ではできない動きですが、お母さんにやってもらうと大喜びします。

3 ハーフ・ロータス・ストレッチ

伸ばした足の先から頭上の手の指先まで、体の側面を十分ストレッチします。この時期の赤ちゃんなら既に自分でやってみようとしている動きですが、まずはお母さんが導入してあげましょう。反対側に移る時にも「トントントン、ストレッチ」などと言いながら、一定のリズムを作ってあげると喜びます。ただし、腕を上に伸ばすのを嫌がる赤ちゃんもいるので、無理はしないように。

4 お鼻の上まで

赤ちゃんを膝の上に座らせ、すべり落ちないよう背中をなるべくあなたの体に近づけます。赤ちゃんの両脚を大きく開いたり、閉じて鼻の近くまで持って来たり、交互にやってみましょう。それから赤ちゃんの足を交互に2回ずつ交差させてもいいでしょう。

5 スロー・ダウン

おしまいに、ちょうちょのポーズで優しく揺らしてあげてリラックスします。「ゆりかごのうた」のような優しい歌を歌ってあげるといいですね。

「ゆりかごのうたを
カナリアがうたうよ
ねんねこねんねこねんねこよ」

赤ちゃんのお座りを安定させる

楽しく遊びながら赤ちゃんのお座りを支えてあげましょう。赤ちゃんは準備ができたら座るようになるので、せかす必要は全くありません。早いか遅いかは単なる個性で、他の能力とは関係ないのです。お座りが始まると膝立ちしたり、手を前に伸ばしたり、もしかするとハイハイし始めるかもしれません。赤ちゃんの育ちをゆったりと見守りましょう。

ちょうちょのお座りで背中のサポート

赤ちゃんの背中を手のひらで、優しく、でもきちんと支えてあげると、赤ちゃんが反動を利用して腰をしっかり立てようとします。だんだん腰の筋力がつき、ぐらぐらせずにお座りできるようになります。

腕のスイング

赤ちゃんの腕をリズミカルに揺らします。最初は優しく、徐々にダイナミックに。テンポの良い歌を歌って、楽しみながらお座りを安定させてあげると良いでしょう。

「やっとこやっとこくりだした
おもちゃのマーチがらったった
人形のへいたい　せいぞろい
おうまもわんわもらったった」

お座りで手遊び

赤ちゃんは手遊びが大好きです。お座りの赤ちゃんと手をたたいて遊びましょう。最初は手を持って動かしてあげてもいいし、自分でたたける赤ちゃんもいるでしょう。こうして一緒に遊ぶうちに、だんだん支えてもらわなくても1人で上手に座っていられるようになってきます。

「むすんで　ひらいて　手をうって　むすんで
またひらいて　手をうって　その手を上に」

肩を支える

赤ちゃんが短い時間、1人でお座りできるようになってきたら、両手で赤ちゃんの肩をそっとつかんであげると、赤ちゃんの胸が開き、背骨の動きが自由になります。これは赤ちゃんの正しい姿勢の基礎となり、健康な人生への第一歩となるものです。

小さな英雄《ヒーロー》のポーズ

膝をつく姿勢を好む赤ちゃんは多いです。これはまるで小さな英雄《ヒーロー》のポーズ。わきの下をしっかり支え、体を起こすのを助けてあげましょう。手を離すと両脚の間にお尻をついて座るでしょう。この動きは、後に這いたい意思が育った時、ハイハイのきっかけになる動作です。赤ちゃんが今この動作を必要としているかどうか観察してみましょう。

ボールに向かってパドリング

赤ちゃんを観察していると、お座りからハイハイするまでに多くの赤ちゃんが膝をつく姿勢を取ることが分かります。特に何かに夢中になって手を伸ばそうと、片脚を前に伸ばし、もう片方は後ろへ曲げることがよくあります。お座りしている赤ちゃんの腕をパドリングしながら斜めに伸ばしてあげると、徐々に腕の力がつき、やがて自分で腕を伸ばし、何かに向かってハイハイし始めるきっかけになるかもしれません。この赤ちゃんも、もう少しでボールにたどり着く方法を発見できそう…。

ハイハイをサポートする

赤ちゃんの体を支えてあげると体の前面がリラックスするので、ハイハイしようとする赤ちゃんが体の背面をうまく使えます。ほんの少し持ち上げてあげると、もう少しでハイハイをマスターしようとしている赤ちゃんはコツをつかむでしょう。

胸郭のリフト

赤ちゃんがちょうちょのお座りや膝をついた英雄のポーズから床に手を伸ばすようになったら、胸郭を持ち、体を前に倒すのをサポートしてあげましょう。4本の指で胸を支え、親指を肩甲骨のすぐ下に当てます。指に少し力を入れたりゆるめたりして、赤ちゃんの手は床についたまま、上半身を少し持ち上げたり下ろしたりしてあげましょう。

肩のリフト

次に親指の位置を少し下にずらしてみましょう。こうすることで赤ちゃんの上半身を起こすので、赤ちゃんがコブラのポーズのように、腕を伸ばして手で体を押し上げるのをサポートすることができます。赤ちゃんの体は、この時点で最初の四つん這いから腹ばいの姿勢に移り、脚も後方に伸びているはずです。

肩からテイク・オフ

さらにあなたの手の位置を下げ、赤ちゃんのおなかのあたりをしっかり支えてみましょう。赤ちゃんに準備ができていれば、腕を上げ、上体を床から持ち上げられるでしょう。そうしたらあなたの手を赤ちゃんの腕の下へ移動させ、後ろ反りをサポートしてあげましょう。この時、赤ちゃんが自分で体を起こせる以上に反らせないように注意して。赤ちゃんが疲れたら離してあげましょう。

腰をサポート

体を前に出してはみたものの、赤ちゃんがそれ以上動けず困っていたら、あなたの片手を赤ちゃんのお尻の下に差し入れて、ほんの少し支えてあげます。これだけで赤ちゃんの腰骨の動きが自由になります。お尻を持ち上げすぎると、赤ちゃんが前のめりになってしまうので注意しましょう。

英雄《ヒーロー》の前進

英雄《ヒーロー》のポーズの赤ちゃんのおなかと背中を支えてあげましょう。ここ何週間か膝をついた状態で試行錯誤していた赤ちゃんは、このサポートがきっかけとなり、いよいよ前進するかもしれません。あ、前に進めた！ 新しい成長の喜びを共有できる瞬間です。

すくい上げて…、出発

赤ちゃんによっては、ハイハイしようとするたびに前のめりに倒れてしまうことがあります。その場合は赤ちゃんの隣に膝をついて座り、胸と腰の下に両手を差し入れます。息を吸って赤ちゃんを少し持ち上げ、手足を床につけるようにしてあげましょう。この時、完全に体を抱き上げないようにします。これで赤ちゃんの足の動きが自由になり、ハイハイのコツがつかめるでしょう。

あともうちょっと…、を応援《サポート》

あともうちょっと…、から自由なハイハイまで、長くかかるように思えるかもしれませんが、急がなくても大丈夫。ハイハイという目的を伴う行動にはいろんな運動能力を総合する必要があり、そのやり方は赤ちゃんによってさまざまです。ハイハイせずにいきなり立ち上がる赤ちゃんだっています。それでもハイハイには発達上の大きなメリットがありますので、経験させてあげた方が良いでしょう。あともうちょっと…、の時に役に立つストレッチを紹介します。

赤ちゃんが膝をついて腕を前に伸ばしても、ほんの少ししか動かないなら、お尻を持ち上げてあげれば、脚を自由に動かせるようになります。

赤ちゃんが体の下へ膝を引き寄せるのにもう少しサポートが必要なら、両脚をお尻の上まで持ち上げて優しく伸ばしてあげましょう。脚を動かすために必要な背中の筋力と柔軟性がついてきます。

さらに、片足ずつ後ろに伸ばして…。

そして膝を曲げます。その際、もう一方の手でお尻を支え、体が動かないようにします。ハイハイで前に進むために必要な脚の動きは、これで全部です。最初のハイハイは後ろに進むかもしれませんね。

あなたの赤ちゃんは、観察し、真似をすることで学習するタイプかもしれません。上の兄姉がいなければ、あなたが赤ちゃんの一番のお手本です。赤ちゃんの後ろで四つん這いになり、違う側の手と足を前に運ぶ様子を、よく分かるように赤ちゃんに見せてあげましょう。我が子に一番合う学習法に気づいてあげることもまた子育ての醍醐味であり、その気づきは、毎日のふれ合いの中で培われていくのです。

赤ちゃんによっては、這うために体の下まで膝を引き寄せるのに、腰の柔軟性を高めてあげると良い場合もあります。太ももをつかんで、脚を体の下に曲げ入れるのに必要な高さまで持ち上げます。これを数回くり返してみましょう。

しっかり立っち

赤ちゃんが四つん這いになったり、お尻を引きずってあちこち動き回っていれば、ハイハイに挑戦中だと分かりますが、立っちに挑戦している様子は分かりにくいものです。でも立って体を起こしていられるようになると、1人で立ち上がるのももうすぐです。やがて歩き出す時のためにも適切なサポートを続けてあげることは大切で、歩き始めの転倒や赤ちゃんのストレスを減らすことができます。ヨーガの基本に従って、次のような簡単な練習ができます。赤ちゃんと遊びながらやってみましょう。

あなたの前に向こう向きに赤ちゃんを立たせ、赤ちゃんの骨盤を支えます。前4本の指は広げてやや内側に、親指はお尻の後ろに当て下の方向に、それぞれ軽く力を入れて支えます。少しの間かもしれませんが、赤ちゃんはこの安定感を楽しんでくれるでしょう。

マットの上に座り、脚の間に赤ちゃんを横向きに立たせます。膝を曲げて直立の赤ちゃんをはさみこみ、赤ちゃんの胸と背中に軽く両手を添えて補助します。

マットの上に足を伸ばして座り、片方の太ももに赤ちゃんが外側を向くように座らせます。優しく後ろに傾けると、赤ちゃんは思わず立ち上がろうとしますから、両手で胸と背中を支えてあげましょう。これを数回くり返します。

座った姿勢で膝を曲げて片方の膝に赤ちゃんを乗せ、すべり台のようにすべり下ろして着地させます。無理なく赤ちゃんを膝に乗せるには、まず脚を伸ばした状態で赤ちゃんを膝に座らせ、それから息を吸いながら赤ちゃんごと膝を曲げてみましょう。妊娠している時には、この体操はやらないでください。

ベビー・フライ（76ページ）に慣れている赤ちゃんなら、これを使って立つためのバランスを養うことができます。膝を曲げて座り、赤ちゃんをあなたの方に向けて寄りかからせます。赤ちゃんのわきの下を持って後ろに転がり、弾みをつけて戻ります。戻ってきたら赤ちゃんは床を蹴ろうとするでしょう。あなたに元気があれば、赤ちゃんの立っちをサポートしながらシーソー遊びを楽しんでみてください。

赤ちゃんがまだ軽ければ、あなた自身のヨーガと赤ちゃんの立っちの練習を組み合わせることができます。太ももに座らせて少しサポートすれば立ち上がれる赤ちゃんなら、両脇をしっかりと持ち、ひと息に持ち上げてあなたの両脚の上を通って反対側へ着地させます。まるで大きな虹のように。着地する時は少し手の力を抜いて、赤ちゃんが自分でバランスを取れるようにします。もちろんぐらぐらして尻もちをつくかもしれませんが、何度かやるうちに次の虹のリフトが来るとワクワクして、自分で立ち上がろうとするかもしれません。

ベルトを使ってストレッチするのが好きなら、赤ちゃんの立っちの練習にも使ってみましょう。赤ちゃんをあなたの前に座らせてベルトを握らせます。もう1人で立っていられる赤ちゃんなら、あなたがベルトを持ち上げるだけで自分で立ち上がる練習になります。まだ自力で立ち上がるのが無理なら、ベルトをわきの下に通して持ち上げてあげましょう。そして赤ちゃんが立ち上がったらベルトをゆるめて、赤ちゃんが自分でバランスを見つけられるようにします。

脚を伸ばして座り、少しだけ膝を曲げます。赤ちゃんを膝のすぐ下にまたがらせ、足は床につけさせます。赤ちゃんの両手を持って息を吸い、曲げていた膝を下ろして両手を広げます。赤ちゃんは大の字で立ち上がるでしょう。息を吐いて腕をゆるめたら、赤ちゃんは尻もちをつくかもしれませんが、もっとやりたがるかもしれません。この体操は、とにかく楽しく大げさにやってみましょう。

マットの上に座り、赤ちゃんをあなたの前に立たせます。片脚を赤ちゃんの股の間に入れて、両手でわきの下を支え、脚ごと赤ちゃんを持ち上げます。それからストンと下ろすと、赤ちゃんは床を蹴って喜んで、もっとやりたがるかもしれません。赤ちゃんを乗せる位置が足先に近くなるほど持ち上げるのが大変になります。妊娠初期には、この体操はやらないでください。

赤ちゃんはたいてい「お馬さん」が好きです。床に座って片脚に赤ちゃんをまたがらせたら、お馬さんごっこをしながら、赤ちゃんが足を床につけてバランスを取る練習ができます。無理をせずに足を動かせるよう、膝は曲げておきます。お馬の出てくる歌を歌ってあげましょう。

「はいしいはいしい　あゆめよこうま
　山でもさかでも　ずんずんあゆめ
　おまえがすすめば　わたしもすすむ
　あゆめよあゆめよ　足おとたかく」

時々膝をストンと落として赤ちゃんをびっくりさせたりして、一緒に笑いましょう。楽しみながら、赤ちゃんがバランスを取り戻すのを手伝ってあげましょう。

膝の上に赤ちゃんをまたがらせ、わきの下を持ちます。息を吸って膝を持ち上げ、赤ちゃんの足を床から浮かせます。息を吐いて膝を戻し、赤ちゃんの足を床にしっかり下ろします。赤ちゃんはバランスの取り方を学び、床に立つのを楽しいと感じるようになるでしょう。

ダイナミックな逆さま体操——もうすぐあんよの赤ちゃんのために

1人で立てるようになってくると、赤ちゃんの動きの幅が広がり、歩くために必要な筋肉や体の柔軟性がついてきます。でんぐり返りは、この段階の赤ちゃんが大好きな遊びです。赤ちゃんが大喜びしながら頭を下げてドッグ・ポーズを見せてくれるのは、あなたにとっても誇らしい瞬間でしょう。

この一連のダイナミックな逆さまの動きの中で、赤ちゃんは足を床につけて着地するたびに重心が分かるようになります。これから成長につれて段差やでこぼこの上を行動するようになる赤ちゃんにとって、これは良い経験となります。この新しい逆さまの刺激を赤ちゃんが楽しんでいるのかどうか、反応をよく観察して、喜んでいたら2回まではやってあげてもいいでしょう。終わりには、ギュッと抱いてあげましょう。

1 膝を少し曲げて座り、膝の間に赤ちゃんを立たせ、わきの下を持ちます。あなたの膝が赤ちゃんの下腹のあたりに来るように曲げると、赤ちゃんがあなたの膝に寄りかかり、頭をあなたのおなかの方に下げて、逆V字の格好になります。

2 赤ちゃんの両脚を両手でしっかり握って、赤ちゃんを逆さまにします。

3 深く息を吸いながら、一気に赤ちゃんを膝の上から持ち上げます。あなたの体を少し後ろに倒すようにすると、楽に持ち上げられるでしょう。

4 息を吐きながら赤ちゃんを下ろして、脚をつかんでいた手を離します。そのまましばらくじっとしているのが好きな赤ちゃんもいますので、赤ちゃんが自分で頭を持ち上げるのを待ちましょう。

5 ゆっくりとあなたの膝を伸ばしながら、赤ちゃんのわきの下を持って立ち上がらせます。冒険から戻ってきた赤ちゃんを迎えてあげましょう。

特別な赤ちゃん

　障害のある赤ちゃんとのヨーガで重要なのは、適切に姿勢を矯正することです。赤ちゃんが自然で心地よく感じる範囲内で、できるだけ背骨をまっすぐ保ち、骨盤は水平、頭もまっすぐに。まずは姿勢を保つための補助をしてから始めます。必要であれば丸めたタオルを体の一方の側に敷いて、お尻がまっすぐになるようにしてあげます。ダウン症や脳性麻痺の場合、骨盤が不安定であるため、無理に開いたり伸ばしすぎないように気をつけて。重度の胃食道逆流（吐乳）がある赤ちゃんには、マッサージやヒップ・シークエンスの時に、丸めたタオルを使って上体を少し起こすと苦しくないでしょう。

　胃チューブやペグが挿入されている赤ちゃんにもうつ伏せタイムは必要ですし、おなかに適度な圧力のかかる抱っこや、回転の動きを含んだヨーガ体操も欠かせません。手術直後やその部位がただれて痛がる時は細心の注意を払って、常に赤ちゃんの合図《キュー》を観察しながら行います。障害の度合いによっては要求を表現する手段が限られている場合もありますが、それでもノーの意思ははっきりと伝えてくれるはずです。14ページの赤ちゃんの身ぶり、表情についてもう一度確認しましょう。それが赤ちゃんの意思表示ですから。ただし、脳性麻痺の赤ちゃんは顔を一方に向けると足を過度に曲げたり伸ばしたりする反射が見られることがあり、他の合図《キュー》もよく観察する必要があります。

注意事項

　次の場合は赤ちゃんを逆さまにする動きは避けます。

- てんかん、または軽い失神の経験がある場合
- 心疾患（重度の場合）
- 骨盤を含む骨格に安定性を欠く場合
- 脳室シャント（脳内にたまった脳脊髄液を流すためのチューブ）

　赤ちゃんに不整脈がある場合は、刺激過多にならないように逆さまの動きは注意して行い、すべてをゆっくりとしたペースで行ってください。

発達の助けになるエクササイズ

骨盤を水平に、背骨をまっすぐに座らせることは、赤ちゃんの足腰の筋肉を強化します。ダウン症の赤ちゃんは自然と両膝を開いて座ります。脳性麻痺の赤ちゃんも同じような傾向がありますが、ダウン症の赤ちゃんよりもっと手足が硬く、両足を一方向に倒して座ることが多いようです。

片脚ずつ膝を曲げてゆるやかに骨盤を開く体操は、関節を伸ばしすぎるのを防ぎます。曲げた脚が硬い場合は、タオルを膝や太ももの下に入れて補助してあげましょう。赤ちゃんの体を前に倒して、なるべく遠くまで手を伸ばし、できればつま先をさわらせます。硬い方だけでなく両方行いましょう。

赤ちゃんを膝の間に座らせ、お尻をはさむようにすると、腰が安定して、赤ちゃんが脚を前に伸ばしやすくなります。誘導してあげましょう。

赤ちゃんが脚を伸ばしたら、片足ずつ交互に胸に引き寄せてペダルをこぐように動かします。歌に合わせると良いですね。あお向けの姿勢でもできますが、座らせてやるほうが深層筋に働きかけるので、特に吐乳がひどい赤ちゃんには効果的です。また、この座り方で、一緒にゆったりとした呼吸を練習してみましょう。

姿勢を矯正し、手と目の協調動作の発達を促すためにも、鏡の前に座ったり、お父さんや他の赤ちゃんと向かい合うと良いでしょう。ボールを転がして、手を伸ばすよう促してみましょう。

まだ1人で座れない赤ちゃんを足の裏を合わせたちょうちょのポーズで座らせ、あなたの手のひらでお尻を包んで、しっかり支えてみましょう。骨盤に安定感のない場合は難しいかもしれませんが、赤ちゃんの合図《キュー》に注意を向けて（これがいつも必要）赤ちゃんに聞きながらやります。もし嫌がったらやめて、上のような無理のない姿勢に戻してあげます。

逆さまにできる赤ちゃんは(102ページ注意事項参照)、ドッグ・ポーズで無理なく柔軟性を高めてあげられます。なるべく足の裏をぴったり床につけますが、脳性麻痺の赤ちゃんは腱《けん》が緊張してしまうので難しいかもしれません。赤ちゃんのお尻を持ち上げてドッグ・ポーズを支えてあげましょう。ちゃんとできない場合でも、足首を曲げたり伸ばしたりして、弱くてこわばった関節周囲の筋肉を強化してあげると、あんよを促すことになります。

コブラのポーズは、胸を開くと同時に、背中にも理想的なストレッチ効果があります。赤ちゃんは頭を持ち上げて肩、腕、手を使います。特に脳性麻痺の赤ちゃんにとって、体のアンバランスを正し、硬直した手をマットに当てる圧力を使って開くことができ、とても効果的です。上半身をできるだけ起こせるよう、あなたの太ももで赤ちゃんのお尻をはさんで支えましょう。

脳性麻痺の赤ちゃんは左右どちらかの力が弱いことが多いので、両側を使うように誘導することが重要です。ここではアマゾンのレイン・スティックを使っていますが、声をかけたり、ガラガラなどを使って音を出し、赤ちゃんの動きを引き出しましょう。

かわいい十字架のストレッチで腕を開いてあげれば、協調動作の発達に効果があります。肩が固くて開きにくい場合は、片方の手を赤ちゃんの肩に当て、その腕を開いて閉じます。開きすぎたり交差して閉めすぎたりしないよう、赤ちゃんが気持ちよくできる範囲でやりましょう。

いないいないばあは、手と目の協調動作の発達に良い遊びです。透ける素材のスカーフがあれば赤ちゃんの頭からかけてみて、自分で取るのを待ちましょう。難しそうなら手を貸してあげますが、自分の手で引っ張らせます。なるべく骨盤は水平に、背骨はまっすぐ。膝を立てるか脚を前に伸ばした姿勢で座れるよう補助してあげます。

適切に抱っこしてあげれば、スイングもできます。これなら骨盤が不安定でも、チューブの入ったおなかにも負担がかからず、吐乳のある赤ちゃんにも大丈夫です。

さか立ちは背中をサポートしながらやります(102ページ注意事項参照)。あなたの脚の上にあお向けに赤ちゃんを寝かせ、くるぶしか、身をよじるなら胴体をしっかり持ちます。ゆっくり膝を曲げ、赤ちゃんの背中がすねに乗るように逆さまにします。これで安全に背骨を伸ばしてあげられます。赤ちゃんがリラックスして腕を伸ばし、胸を開くよう促せば、特に体を固く丸めがちな赤ちゃんに効果的です。骨盤が不安定でなければ、お尻を持っても良いでしょう。

リラクゼーションのための呼吸法

椅子に腰かけたり、床に座って壁にもたれたり、心地よい体勢になりましょう。赤ちゃんを膝に乗せ、あなたのおなかに寄りかからせます。赤ちゃんの体を抱き、呼吸を感じます。吸って、しばらく止まって、それから吐く。2人の呼吸を同調させることができれば、どんなにリラックスできるか、実感できるでしょう。目を閉じてもかまいませんが、眠ってしまわないよう、意識は集中しておいて。呼吸、心、体のすべてをリラックスさせることを学びましょう。

写真のように、手のサインを使って赤ちゃんの視線を誘導しながら、子守唄を歌ったりハミングすると、2人とも集中できてリラクゼーションに入りやすくなります。

一緒にリラックス

この時期のベビーヨーガで、リラクゼーションは欠かせないパートです。赤ちゃんは常に活発に動いていますが、静と動、強弱、速い遅いといったコントラストがよく分かってきています。あなたが気づきを高めることは、赤ちゃんの成長の要《かなめ》でもあります。人一倍元気な赤ちゃんでも、静かにエネルギーを充電する時間は喜んで受け入れます。赤ちゃんは、あなたの声の調子、呼吸のパターンやリズムの変化を敏感に感じ取るようになっており、2人で静かに関わり合う習慣を築けば、一緒にリラックスする方法が身につきます。そうすれば、歯の生え始めや日常に変化が生じた時でもそれほど困らずに赤ちゃんを眠りに導いてあげられます。ここではいくつかの具体的なやり方を紹介します。

何よりもまず、あなたの注意が100パーセント自分に向けられている、と赤ちゃんが感じる必要があります。なるべく中断せずにすむように、あらかじめ環境を整えておきましょう。あなたの意識が赤ちゃんにしっかり向けられるほど、赤ちゃんもそれに応えてくれます。ここでのおもちゃは単なる道具にすぎません。

呼吸のペースをゆっくり落としていき、今に意識を集中させます。赤ちゃんは動き回ったり、何かに手を伸ばしたり、あなたに乗っかってくるかもしれませんが、自由にさせてあげましょう。あなたが今までの動きから一転して、リラックス状態に入っていることに赤ちゃんも気づき、そのうち何かに集中し始めるかもしれません。あなたがずっと側にいると思えれば、赤ちゃんは一心不乱におもちゃで遊べるのです。これで自分自身のリラクゼーションを深め、心身に積もった緊張を解きほぐす準備ができました。後ろに体を反らせながら、吐く息を長くすれば、すぐにリフレッシュできるでしょう。頭を後ろに落としても良いでしょう。赤ちゃんも満足そうにしていたら、横になって完全にリラックスしましょう。

手のムドラー

ヨーガには概念を手振りで表現するムドラーと呼ばれる伝統があり、心理的効用があるとして、インドでは代々伝えられています。赤ちゃんとムドラーを実践すると、静かな集中状態が引き起こされます。そのうち全く予期しないのに赤ちゃんがムドラーを真似し始めて、驚かされるかもしれません。

お母さんの子宮にいた時から、赤ちゃんは両親の声のコンビネーションが大好きです。家族でチャンティングを試してみましょう。蓮の花を讃える簡単な「パドミ」のフレーズはいかがですか。
「オーム　オーム　パドミ　オーム」

音調や高さを変えながら何度もくり返して、自分なりの方法を見つけましょう。チャンティングが自分に合っていると感じたら、チャンツのCDなどを買って、おだやかになれる旋律をハミングしていれば、やがて赤ちゃんにも、チャンティングをするとリラクゼーションの時間が始まるのだと知らせてあげられるようになるでしょう。

自分の内面に入っていく

伝統的なこの方法は決して難しいものではなく、赤ちゃんを観察しながらも深いリラックス状態に入っていけるものです。まず赤ちゃんに、これからリラクゼーションの時間だということをはっきり示します。こんな演出もできます。おもちゃの入った柔らかい箱をマットのそばに置くのです。赤ちゃんがおもちゃに集中している間にリラックスできます。赤ちゃんの方も、あなたの所に行こうか、おもちゃ箱を探検しようか、思案することでしょう。赤ちゃんがまだしっかりお座りできない時は、後ろにクッションを重ねて支えましょう。動こうとして助けを求めるでしょうから、いつでも中断するつもりで始めてみましょう。

1 数秒間、目を閉じて赤ちゃんを音だけで感じます。一瞬目を開けて赤ちゃんの様子を確認し、また閉じます。何度かくり返し、目を閉じる時間を延ばします。赤ちゃんは、あなたが眠ったような状態に入ったことに気づくでしょう。

2 今度は、自分の中に聴く力を呼び起こします。あなたは今、目を閉じることで、回りの音、とりわけ赤ちゃんが出す音に敏感になっています。時計の音や室外の鳥のさえずりや車の往来などにも注意を向けると、普段身の回りにある音と空間の関係に気づきやすくなるでしょう。

3 手のひらの力を抜いて触覚を研ぎ澄ませます。赤ちゃんが何をしているか確認し、もし近くに来たら、声をかけたりなでたりせずに、わずかに触れたり軽く抱き寄せます。

4 最後にあごをリラックスさせます。深く息を吐き、そっと微笑んで顔の筋肉をゆるめ、味覚を感じ、周囲の匂いを嗅いでみます。赤ちゃんが大丈夫そうなら、そのまま完全なリラクゼーションを続けましょう。この時のコツは、中断されても気にせずに、いつでもリラクゼーションからお世話モードになる心の準備をしておくことです。

第6章 よちよち歩きのベビーヨーガ

自分で移動し始めた赤ちゃんには、新しい世界が開けてきました。でも冒険に旅立つ前には、お母さんとのつながりを感じて安心する必要があります。これまでやってきたことを整理して、自分たちなりのやり方に統合する時期になりました。赤ちゃんは、少し進化したマッサージやスキンシップを喜んでくれるでしょう。ベビーヨーガにも遊びの要素を取り入れ、より対話的に行えば、これからの赤ちゃんの発達に非常に貴重な役割を果たします。赤ちゃんを抱き上げることは、普段の生活の中でできるヨーガです。お母さんにとっては、骨盤底を引き締め、背中を強化し、深く呼吸する訓練になり、赤ちゃんにとっては、元気よく抱き上げてもらうことでワクワクするふれ合いタイムの始まりです。赤ちゃんが歩き始めたら、怪我のないようサポートしながら、あなたの動きを真似する様子を観察しましょう。赤ちゃんのスピード感を受け入れ、応えてあげる余裕を持つことが何よりも肝心。もう赤ちゃんのペースはあなたよりも速くなっていて、既に分かっているベビーヨーガのユーモアやストーリー性をとことん楽しみたがります。赤ちゃんと一緒に、とことん楽しむ準備はできていますか？ 学ぶ準備はできていますか？ 言葉を話し始める前のこの時期に、その子特有の個性の現れを引き出してあげられれば、この子が将来、自分を大切にし、健康で幸福な人生を歩む礎《いしずえ》を築いてあげることになるのです。

赤ちゃんを抱き上げる

赤ちゃんをうつ伏せの格好にして腰に乗せて歩くのは(前ページ・写真上)、あまり上品には見えませんが、お互いにとても楽な移動法です。この体勢からくるりと赤ちゃんの体を起こして、両脚であなたをはさみこむように抱っこし直すこともできます。この時、ウエストのくぼみに乗せるのではなく、腰骨の上に座らせるようにしましょう。赤ちゃんが正しい体勢になるよう、また自分の背骨を歪めないよう、時々空いた手を後ろに回して赤ちゃんの足を持ち、背中がまっすぐになるよう調整しましょう(前ページ・写真下)。

高く持ち上げる

赤ちゃんが重くなってくると、腰を痛めずに抱き上げることが大事になってきます。抱き方であなたが疲れているのか、元気いっぱいなのかが伝わるので、どんな抱き方をするかは、赤ちゃんにとっても重要です。

1 床をしっかり踏みしめていれば、赤ちゃんを実際より軽く感じます。足は平行に腰幅に開き、膝を曲げ、背中を伸ばして、軽いスクワットの体勢を取ります。腕を前に伸ばした時、頭から背骨のラインが一直線になるよう、まず1人で練習しましょう。息を吸って、吐きながら腰を後ろへ伸ばし、ふたたび息を吸いながら背中をまっすぐ起こします。

2 流れるような動きのためには、スピードと勢いがカギになります。ここで、何より呼吸法が役に立ちます。赤ちゃんを楽々とスムーズに抱き上げるイメージを思い描きましょう。肘は曲げて赤ちゃんのわきの下をしっかり抱え、膝も曲げて、背中はまっすぐにして、赤ちゃんを「吸い上げる」イメージで、息を吸いながら持ち上げます。

3 そのまま赤ちゃんを頭の上まで高く持ち上げます。この時、腹筋と背筋はしっかり伸ばします。妊娠中に腹直筋が離開してしまったり、次の妊娠をしている場合には、この動作が特に有効です。抱き上げられた赤ちゃんもご機嫌で元気になるでしょう。

ボディ・マッサージを新たに導入する

赤ちゃんの「探検」が始まると、じっと寝かされるのを嫌がるようになります。あんなに楽しかったので何とかまた、とあなたがムキになればなるほど、赤ちゃんは嫌がって抵抗するでしょう。この時期には、抱っこのついでの短いマッサージがいいでしょう。いずれまた全身のマッサージを喜んでくれる時が来ます。成長する赤ちゃんの気分とニーズに合わせて、雰囲気を変え、今までとは違う体勢とリズムを用意してあげましょう。でも、もっと小さい頃の優しい子守歌のリズムで、あっという間に落ち着く赤ちゃんも多いものです。

お座りで長いストローク

マッサージの新しいスタイルを確立しましょう。赤ちゃんを向こう向きにあなたの前に座らせます。赤ちゃんがマッサージされる感覚や自分の体に興味を示す様子を観察しましょう。おなかや足はくすぐったがり、おへそには興味津々かもしれません。今までとは違うスタイルのマッサージで、赤ちゃんの体を一緒に再発見していきましょう。

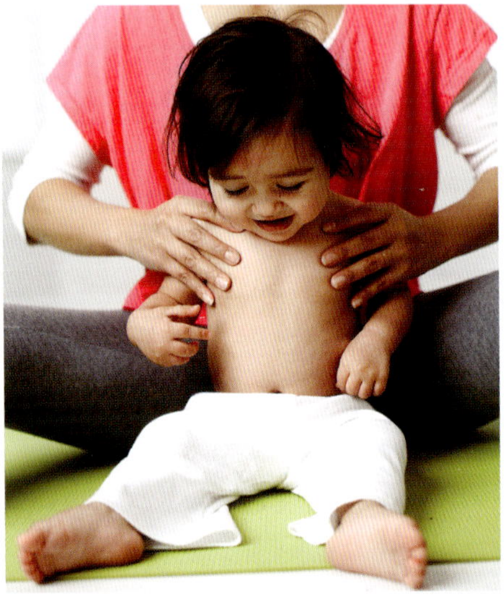

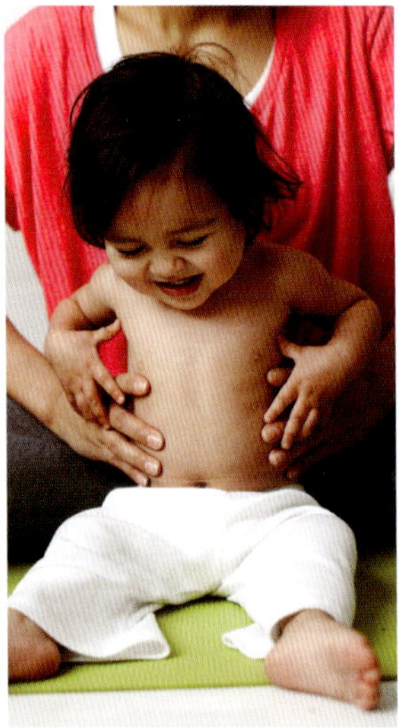

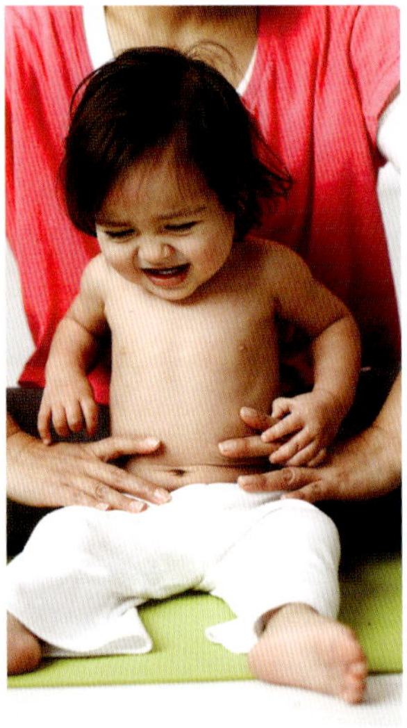

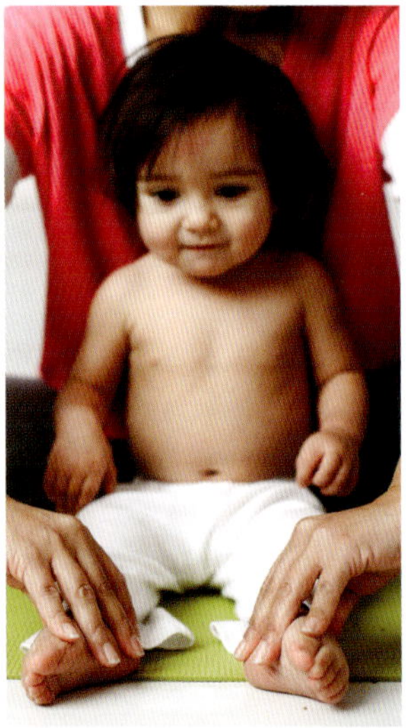

1　両手を赤ちゃんの肩に置き、親指で首の付け根を優しくもんであげましょう。赤ちゃんがリラックスしていれば、イエスの合図です。今までどおり、赤ちゃんが嫌がることは無理にはやりません。いったん逃げ出してまた戻って来たら、赤ちゃんの言葉で、これはもうおしまい、ということかもしれません。

2　手のひらと指を使って、体の前面をしっかりとなで下ろします。胸から足まで、連続した長いストロークを、息を吐きながら行います。これを3回くり返します。

立っちで背中をもみもみ

赤ちゃんの背中をギュッともんだりスーッとなでたり、を組み合わせるマッサージで、咳や胸のつまりで苦しむ赤ちゃんは、特に喜んでくれるかもしれません。最初はオイルをつけずに試してみて、やらせてくれそうならオイルを準備します。そうすれば、赤ちゃんにこれから新しいやり方でマッサージするんだと知らせてあげることができます。

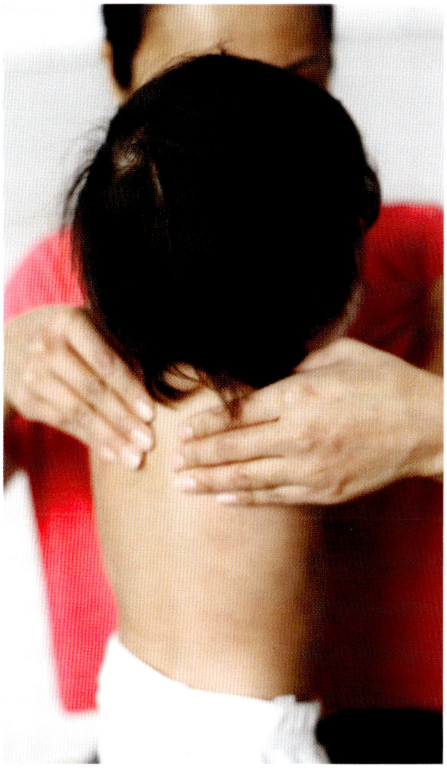

1 よちよち歩きの赤ちゃんは、マッサージを始める際には背中をしっかりもんであげる方が反応が良い場合があります。まず最初は、赤ちゃんの両肩に手を置いて、首の付け根を優しくもんであげましょう。

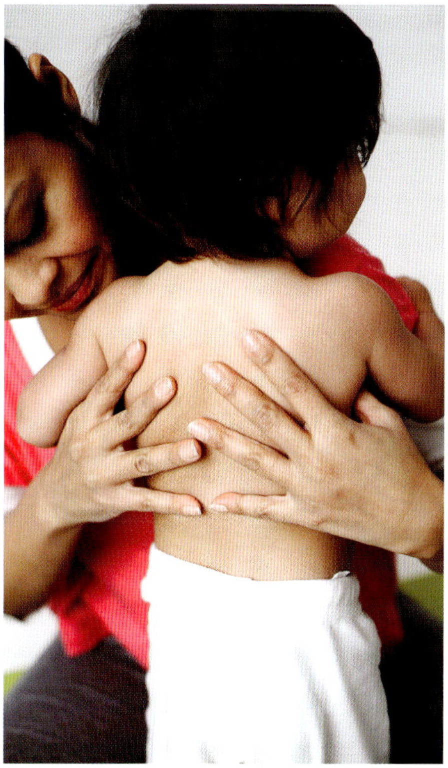

2 赤ちゃんから「続けて」の合図が出されたら、親指は胸に当て、残りの指を背中全体に広げます。親指の力は抜いておきましょう。

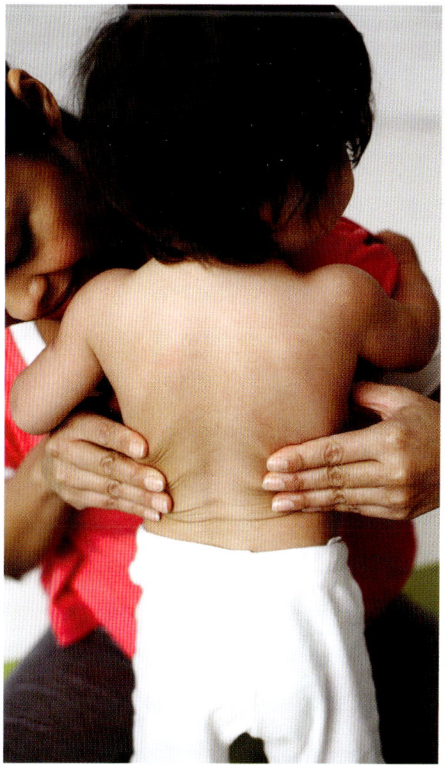

3 背中に置いた4本の指を一緒に、背中をまず下へなで下ろします。それから指を横にすべらせ、肩甲骨までなで上げていきます。

背中のマッサージ

赤ちゃんが前ページのストロークともみもみを楽しんでいたら、新しいマッサージができるかもしれません。赤ちゃんのイエスのサインは、じっと座っていたり、立っていたり、リラックスしてあなたにべったりする様子で分かるでしょう。早い時期に焦って押し付けようとようとすると、しっぺ返しを食らうかもしれません。やりたくないなら、また今度ね。赤ちゃんの意思表示には、シンプルに率直につき合いましょう。背中のマッサージは、膝の上に赤ちゃんを横たえるとやりやすく、服がオイルで汚れないようにタオルを敷いてもいいでしょう。

1 指の腹を猫の前足のようにして、手の力を抜き、手を交互に動かして、首の付け根から腰までスーッとなでます。手の動きが途切れないように、どちらかの手が常に赤ちゃんに触れているようにします。背骨は絶対に押さえないように、背骨の脇に沿ってなで下ろします。両手で3回ずつ行います。

2 手のひらを平らにし、赤ちゃんの背中を横方向にさすります。前後に互い違いに動かし、お尻の方へ、そして肩の方へと戻ります。思ったより強めの圧力を好む赤ちゃんもいますので、反応を見ながら強さを調節して、3往復しましょう。

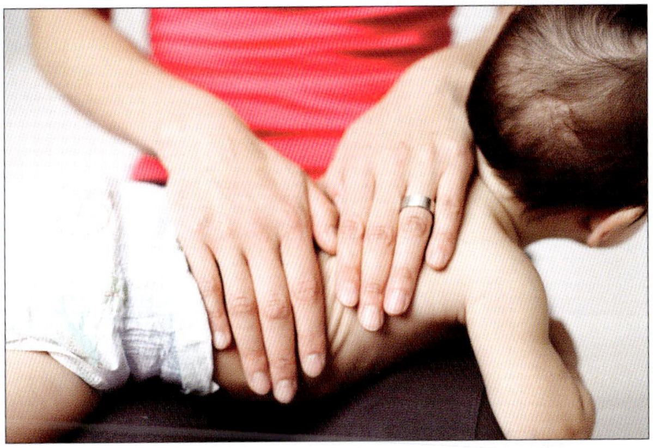

3 もっとやれそうなら、中指か親指を使って、もう少し深くもみましょう。両手の中指（または親指）を交互に押したりゆるめたりして、背骨の両側にある筋肉をもみます。指を背骨に近い方から外側へと動かします。片側のお尻に近いところから始めて、首の付け根まで、そしてまたお尻の方へ戻ります。反対側のラインも同じようにします。写真のように赤ちゃんが横になっている場合は、あなたに近い方の筋は中指で、向こう側の筋は親指でもむとやりやすいでしょう。

4 マッサージの終わりには、逆さまにしてあげるといいでしょう。太ももに置いた赤ちゃんの肩を片方の手で支え、もう片方の手で両脚を持ち上げます。この逆さま体操は、粘液のつまりを除く背中のマッサージの効果をさらに高めてくれるので、赤ちゃんがたまった痰や鼻水などを排出しやすくなります。

体の前面をマッサージする

じっと横になるのを嫌がる赤ちゃんには、いつでもいいからチャンスがあればマッサージしてあげましょう。お着替えの時でも、お風呂の前や後でも、オムツ替えの時でもいいんです。それで赤ちゃんが少しでも楽しそうにしていたら、そろそろオイルを使った全身マッサージのために、また横になってくれるかもしれません。

1 赤ちゃんをあなたの前に向こう向きに座らせ、胸をなでてみましょう。人差し指から薬指までの3本の指の腹で、胸の中心から円を描きます。乳首の周りをまず外回りに、それから内回りに。力は加減しながら、これを3回くり返します。手を替えて胸の反対側も同じようにします。「ぐるぐるぐるぐるー」と声をかけながらやってみましょう。

2 両手を赤ちゃんの脚に沿ってすべらせ、足先まで来たら、足を（突然つかんだりせず）そっともんであげます。あなたの親指を使って圧力を加減しましょう。

赤ちゃんが喜んでいたら、片手でかかとを支えて、もう一方の手の親指で足のマッサージをしましょう（24-25ページ）。指のマッサージもできるかもしれません。

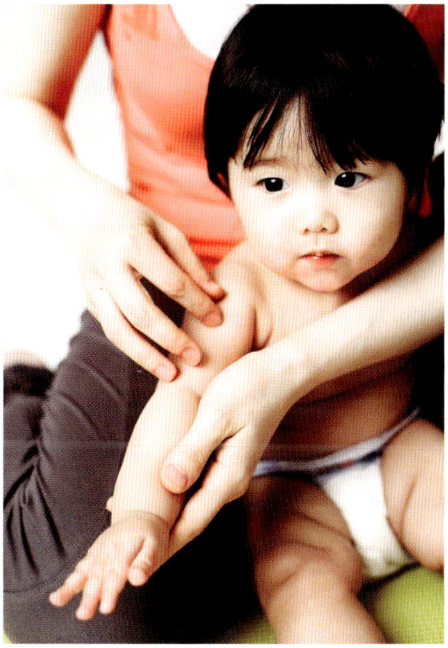

3 指を猫の前足のようにして、赤ちゃんの腕を上から下になで、下から上に戻ります。もう一方の手は、赤ちゃんの胸の前を通って、マッサージしている手首を支えてあげましょう。

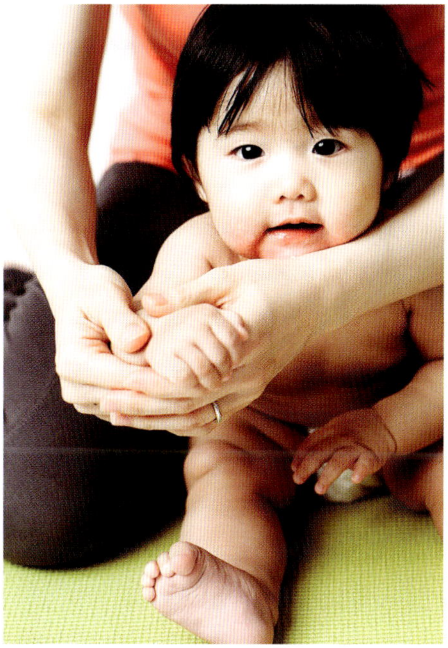

赤ちゃんが喜んでいたら、手のひらと甲を、交互に親指でマッサージしてあげましょう。それから親指から順番に、それぞれの指をくるくる回します。

「お父さん指　お父さん指　どこでしょう?
　ここです　ここです、ここにいます」

お母さん指、お兄さん指、お姉さん指、赤ちゃん指まで呼んであげましょう。

4 赤ちゃんはたいてい、頭のマッサージを喜びます。特に眠い時には大歓迎。両手の指の腹を使って、赤ちゃんの頭にいくつもの小さな円を、前から後ろに描いていきます。赤ちゃんの様子を見ながら力を加減し、耳の後ろまで頭全体をマッサージしましょう。泉門がまだしっかり閉じていない場合は、人差し指で押さないように気をつけましょう。

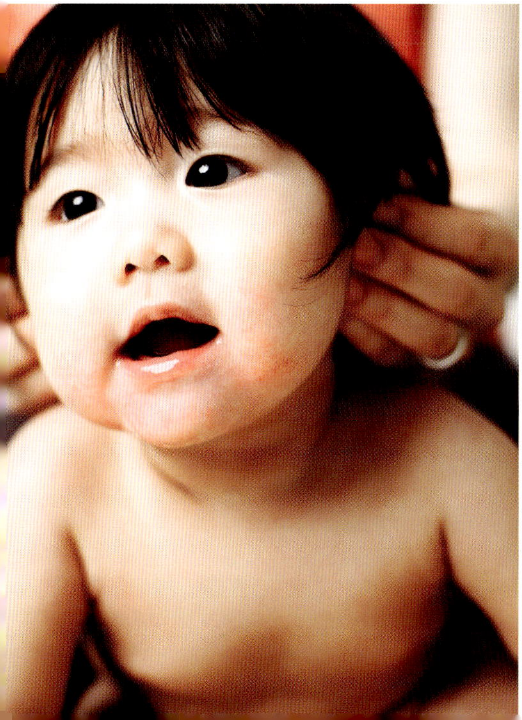

5 続いて耳のマッサージをします。小指以外の指を使って、耳のふちを耳たぶまでゆっくり優しくなでます。指で押したり力を抜いたりしながら、耳たぶまで来たら、くるくる回します。耳たぶにはたくさんの神経が集まっているので、歯の生え始めの刺激をやわらげる効果もあります。

ダイナミックなリフトとブランコ

赤ちゃんを高く抱き上げる(109ページ)のに不安がなければ、もっと大胆な動きに移ってみましょう。赤ちゃんは高く持ち上げられると大喜びしますが、静かにしている時や夜にはやらないようにします。このリフトやブランコも、他のどんなベビーヨーガでも、赤ちゃんが望む時にやってあげるのが一番。曲芸的な動きが面白くて、せがんで来るようになるでしょう。

ハイ・リフト

セミ・スクワットの要領で少し膝を曲げ、深く息を吸い、腕と脚をいっぱいに伸ばして赤ちゃんを持ち上げます。後ろにぐらつかないようひと息に持ち上げましょう。息を吐きながら赤ちゃんを床に下ろします。最初は向かい合ってやってみて、慣れてきたら赤ちゃんを向こう向きにしてやってみましょう。

大きいブランコ

赤ちゃんの胸の前で両手を組み、床から持ち上げます。最初はおだやかに、それから徐々に弾みをつけて、左右に高く揺らします。リズムが安定してきたら、高く揺らすのもそう大変ではなく、むしろ制限された動きよりは楽です。呼吸のリズムに合わせて揺らし、少しずつブランコの幅を小さくしていって、ゆっくり赤ちゃんを下ろします。こうすれば腰を痛めることもありません。

真似っこ―赤ちゃんの学習法

生まれたその日から赤ちゃんはあなたを見ています。最初は顔を、そして生後半年頃からはあなたの動きを、逐一脳に記録していて、自分で動けるようになると何でも真似をするようになります。ベビーヨーガをやればやるほど赤ちゃんの注意力は増し、くり返しの中で予測する力がついてきます。これから自分がやろうとしていることをもうあなたが知っていると思うと、嬉しくてたまらないのです。この時期からヨーガは真似っこ遊びになっていきます。赤ちゃんはあなたの動きを細部までそっくり頭に記憶し、その場ですぐにと言うよりも、何時間、あるいは何日か後に再現してくれるでしょう。こうした遊びは赤ちゃんの観察力を養います。

赤ちゃんがあなたの真似をした時は、赤ちゃんを大げさにほめちぎるより、完全バージョンのポーズをやってみせましょう。観客の、あるいはカメラの前での「演技」をさせるのは良くありません。赤ちゃんの自発的に動きたい気持ちを奪い、動きを萎縮させてしまいます。赤ちゃんにやらせるよりあなたがやってみせる方が赤ちゃんの成長に結びつくのです。

赤ちゃんがあなたの真似をして、頭の上に手をあげようとしても、成功するまでにはしばらくかかるかもしれません。

時々動きを止めて見てみると、赤ちゃんがあなたの産後のヨーガを真似して遊んでいるのがよく分かるでしょう。

赤ちゃんは、特定のポーズの中の一部分しか真似できないでしょう。スクワットしながら前に手を出す、というのはちょっと難しすぎます。両方同時にできるようになるのは、もっとずっと後です。

しっかり立っちから安全なあんよへ

赤ちゃんが初めて歩く瞬間は、魔法のような瞬間です。立っちやバランスの練習をしながら見えない足場を築いてきた赤ちゃんは、ついに、片方の足からもう片方の足へ体重移動しながら前に進むという、信じられない偉業を成し遂げるまでに成長しました。立つことから歩くことへと移行するこの時期には、ひどく転ぶとやる気を失いかねませんが、ベビーヨーガがバランスを定着させ、転倒の発生を減らします。赤ちゃんが新しいバランスを試したり、安定感と俊敏な動きを特訓している時には、どんな歩行器よりもあなたサポートの方が効果的です。歩かせようとするのではなく、発育を促す遊びを取り入れて、じっくりこのプロセスを楽しんでください。

ステップ

床に座り、脚の間に赤ちゃんを横向きに立たせます。片方の膝を持ち上げて赤ちゃんの背中を支え、もう一方の脚は伸ばします。ゴールにおもちゃを置いてもいいでしょうが、目標なしでも赤ちゃんはあなたの脚を踏み越えようとするでしょう。いつでも手を貸してあげる準備はしておきますが、なるべく1人でやらせてみましょう。

ジャイアント・ステップ

赤ちゃんの足をあなたの足の甲に乗せたら、すかさず歩いてみましょう。手首は軽くつかむだけにして、なるべく赤ちゃんが自分でバランスを取れるようにします。足を高く上げるほど、赤ちゃんにとっては難しい挑戦になります。

布のお馬さん

赤ちゃんをマフラーかスカーフにまたがらせます。前後の端を持ってあげれば、お馬さんの出来上がり。こうしてお尻の下を支えて安定感を増してあげると、もう一歩、前や横に足を踏み出すヒントになる場合があります。お馬さんをその場ではずませてあげれば、遊んでいるうちに脚力がついてくるので、もう歩いても大丈夫、と赤ちゃんが自信を持つかもしれません。

脚のリフト

あなたが片脚立ちのヨーガをやっていたら、赤ちゃんも手を支えてもらって片脚立ちのバランスに挑戦したがるかもしれません。そう熱心でなくても、バランス感覚を養い姿勢を整えるために、脚上げをやってみましょう。

手をつないで赤ちゃんの両腕を大きく広げ、体を前に傾けさせます。こうすれば後ろに脚を上げてもぐらつきません。

どちらかの手と足を持ってあげて、安全な片脚立ちをまずハンディつきでスタートしましょう。両サイド忘れずにやってあげましょう。

ガチョウのように脚を高く上げて歩いてみましょう。赤ちゃんもやりたがるかもしれません。練習するうちに2-3秒なら脚を上げていられるようになるので、あなたもその間、呼吸を意識しながら片脚上げのポーズを取り、腹筋を引き締めましょう。

膝をついて大きな宙返り

赤ちゃんの背が伸び、体重も増えてくると、座位の姿勢では赤ちゃんを逆さまにするのが難しくなります。膝をついた姿勢でやってあげると安全で、赤ちゃんもあなたの体を支えにして新しいやり方で回るでしょう。赤ちゃんの足を持つのではなく、お尻を持って逆さまにする方が、着地の際、頭と首を確実に保護できます。これから紹介するやり方は、これまでの逆さま体操をほんの少し発展させただけですから、赤ちゃんはこれまでの体操と同じ感覚で取り組め、あなたもスムーズに赤ちゃんを回してあげられるでしょう。赤ちゃんの足をひっくり返して体を逆さまにし、あなたの体を支えに使って、くるりと赤ちゃんを着地させてあげましょう。

1 赤ちゃんが四つん這いか立っている状態から、両手で上半身とお尻を支えて、赤ちゃんを持ち上げます。

2 息を吸いながら赤ちゃんを逆さまにし、赤ちゃんの頭を体に引き寄せたまま、膝立ちで上体を起こします。

3 息を吐いて、お尻をかかとに下ろし、背筋をまっすぐ伸ばして赤ちゃんの背中を自分の体で支えます。腕が痛かったり、赤ちゃんが大きい場合には、膝立ちのままで、背中は常にまっすぐ伸ばしておきます。いずれの姿勢でも、両手は赤ちゃんのお尻をしっかりつかんでいることが第一で、赤ちゃんの背中は伸びてあなたの胸とおなかに当たります。

4 息を吸って、しっかりお尻をつかんだまま赤ちゃんを持ち上げます。腕を上げても、お尻をかかとから離して膝立ちになっても、また両方いっぺんにやっても構いません。鏡の前でやってみて、赤ちゃんの反応を見てみましょう。持ち上げた姿勢を5秒以上続けないように。それから赤ちゃんを下ろします。

下ろす時には、赤ちゃんを少し斜めにして、あなたの顔の横に赤ちゃんの脚が、胸の下に赤ちゃんの肩が乗るように、たすき掛けのようにして、あなたの上に下ろします。上体を少し後ろに傾け、赤ちゃんを太ももの上に下ろしながら脚を向こう側に倒してあげます。きっと赤ちゃんは、あなたの顔を見ようと自分で体を起こすでしょう。

5 赤ちゃんが四つん這いか立っちの姿勢で着地したら、赤ちゃんが方向を確かめる間《ま》をおいてから、次の動きに移りましょう。赤ちゃんは何度もやりたがるかもしれませんが、2回やれば十分です。

初めてのさか立ち

伝統的なヨーガのさか立ち同様、ベビーヨーガのさか立ちも、赤ちゃんの腕と背中の力を強化します。赤ちゃんが、邪魔されなければ高這いの格好で頭を下げて、1分ぐらい平気で過ごしているのを見かけたら、そろそろさか立ちに挑戦してみてもいい頃です。さか立ちの効果を最大限にするために一番重要なのは、骨盤を適切にサポートすることです。これから紹介するやり方に注意深く従ってやれば、赤ちゃんの姿勢を快適に保ったまま、赤ちゃんも怖がらず安心してできるので、ひと息にさか立ちの赤ちゃんを持ち上げることだってできます。

1 もうさか立ちに挑戦しても良い時期かどうか、確認してみましょう。正座して、ちょうちょのポーズで赤ちゃんを座らせたら、あなたの腰を上げながら赤ちゃんを前かがみにしていきます。

2 さか立ちの準備ができている赤ちゃんは、手を床につけて動かし始め、前へ進もうとするでしょう。徐々に赤ちゃんの骨盤を高く上げていくと、赤ちゃんが脚を下ろすでしょう。赤ちゃんの腰を山の形のように伸ばしてあげて、腰筋を強化します。

3 赤ちゃんの腕の力がついてきて、より垂直に体を保てるようになってきたら、あなたも膝立ちの姿勢になり体を起こす必要があります。赤ちゃんが脚を下ろす時に膝をついて四つん這いになるか、スクワットのように着地できるよう、お尻が頂点で脚がその下に来るように保ってあげましょう。こうすれば腕が疲れてきても、胸からバタンと床に落ちてしまうのを防げます。

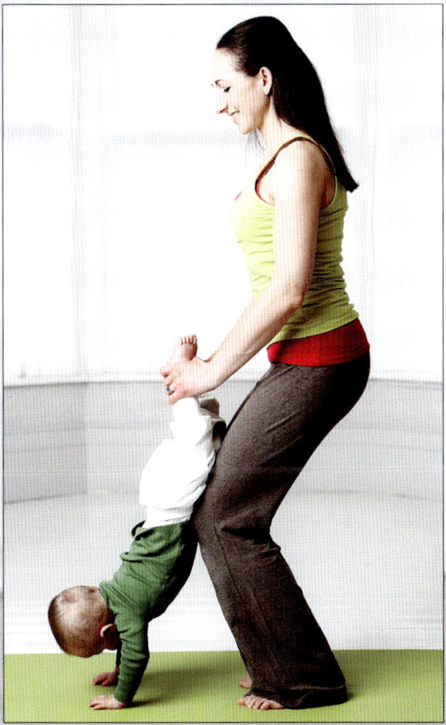

4 赤ちゃんが腕で床を強く押していたら、あなたの手を赤ちゃんの脚に沿って動かし、さか立ちを完成させてあげましょう。立ち上がって、曲げた膝で赤ちゃんの骨盤を支えてあげます。終わる時は一歩下がって、赤ちゃんの脚を体の下に持っていきます。こうすれば赤ちゃんが転んでしまうのを防ぐことができます。

5 もし大丈夫だという自信があれば、赤ちゃんを床から離して持ち上げてあげましょう。赤ちゃんの胸と骨盤を、膝を曲げてあなたの太ももの上に持ってくれば、理想的な背骨のストレッチになります。下ろす時はゆっくりと、まずさか立ちの姿勢に戻し、それから一歩下がって両脚を体の下に持っていってあげれば、安全に下ろすことができます。

でんぐり返り

赤ちゃんが四つん這いで頭を床につけて遊んでいたら、でんぐり返りの準備ができているかもしれません。赤ちゃんがお尻を持ち上げようとしていたら、あなたの手で骨盤を持ち上げ、まっすぐ前に転がるよう助けてあげましょう。回る、という流線的な動きで、赤ちゃんは自分の体のことが分かるようになり、力の抜き方や筋肉の使い方を学んでいきます。ますます体を動かすことが楽しくなって俊敏になり、自信がわいてくるでしょう。横に転がるのもぜひやってみてください。まずあなたがやって見せれば、赤ちゃんは背中の動かし方を自分で見つけるでしょう。

赤ちゃんが頭を下にしたドッグ・ポーズを練習していたら、でんぐり返りをやらせてみるのに、ちょうど良いタイミングでしょう。

赤ちゃんが四つん這いになっていたら、でんぐり返りをやれるかどうか、ちょっと様子を見てみましょう。赤ちゃんの腰骨をしっかりと持ち、そっと両脚を浮かせます。頭を起こして手で床を押し、さか立ちしようとするかもしれないし、すんなり手も頭も床につけたままでんぐり返りしようとするかもしれません。どちらにせよ赤ちゃんの意思を尊重しましょう。

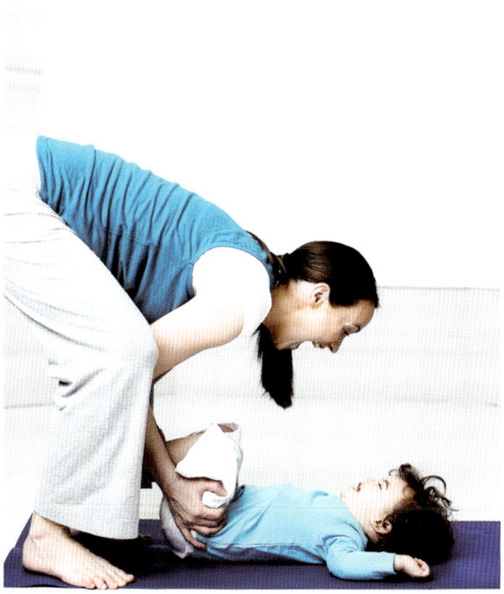

1 赤ちゃんが頭を下にした時、背中の方に立つ方が、でんぐり返りをサポートしやすく、安全に回してあげられます。「ようい、どん」と声をかけて、でんぐり返りを始めることを知らせたら、腰骨をしっかり持ってゆっくり持ち上げ、首を保護しながら慎重に手前に引き、優しく下ろして回してあげましょう。

2 自分があお向けになって、お母さんの顔が目の前にあるなんて、びっくりする瞬間です。

3 冒険が始まった赤ちゃんは、これからもっと「びっくり」を経験することでしょう。赤ちゃんにとって準備が整って安心してできる動きをさらにサポートしてあげること、または人生は驚きの連続なのだと少しびっくりさせてあげること、ベビーヨーガではこの2つのバランスをうまく取ってください。

横にローリング

初めての寝返りがもうずいぶん昔のように思えます。背中の力がつき、動き方を覚えた赤ちゃんは、姿勢を変えるのにいちいち転がる必要はなくなりました。今度は新しい挑戦として、ゴロゴロと連続して転がろうとするでしょう。楽しいけれど、これは最初は難業です。一番良い指導法は、あなた自身が横にゴロゴロ転がるのを見せてあげることです。

よちよち歩きのバランスゲーム

まずあなたが、マフラーやベルトの上を一直線にまっすぐに歩いてみせます。それから、赤ちゃんがやってみるのを観察しましょう。この練習は、よちよち歩きの赤ちゃんのバランス感覚を養い、自信をつけさせてくれます。コースに障害物がある方が喜ぶ子が多く、やる気満々で乗り越えて行ってくれるでしょう。

ヨーガ・マットの上に長いマフラーかスカーフを置き、自分のあとを赤ちゃんについて来させましょう。最初のうちはマフラーを飛び越えるなど、簡単なことだけしようとするかもしれませんし、できないとかんしゃくを起こしてマフラーをぐしゃぐしゃに踏みつけるかもしれません。でも、やがて自分の腕でバランスを取ることを覚えて、細いベルトの上でも上手に歩けるような目覚しい進歩を遂げるでしょう。

段を上がったり降りたりするのは、最初は難しいかもしれません。発泡スチロールのブロックがあれば役に立ちます。登る方が降りるよりは簡単で、たいていの赤ちゃんは、両足でいっぺんにブロックに跳び乗ろうとするでしょうが、やがて片足で上がり、もう一方の足で向こう側に降りることができるようになります。これが、この先よろよろせずに階段を昇り降りするための基礎となります。

ボールを蹴ると、片足でバランスを取るという不安定な姿勢になります。この遊びが、走るための準備となります。

楽しいジャンプ

ジャンプはほとんどの場合、2歳でやっと達成できる偉業です。子供たちは1歳半頃から離陸のための準備を始めますが、その進み具合はあまり外からは見えません。その兆候を早めに捉え、まずは片足でぴょんと跳ねるところから誘ってみましょう。子供が退屈してエネルギッシュな運動がちょっと必要な時は、いつでもぴょんぴょん跳び回って遊びましょう。

まず、腕を広げて飛ぶ真似をします。子供の想像力に任せて、鳥になったり、飛行機になったりして、途中で片足を床から上げるように促してみましょう。片方ができたら、もう片方も。

子供が飛ぶ真似をしながら、足を替える時、自然と開いた腕をシーソーのように動かしてバランスを取り始めるのをよく見てください。ほら、ぴょんと跳ねて体重をシフトすることを発見しました。幼児の発達において、この瞬間は、とてもわくわくする転換期なのです。

子供は発泡スチロールのブロックにしっかり立っていられるようになりました。でも降りる時はまだ片足で、両足をそろえて飛び降りることはできません。リズミカルな動きで軽くサポートしてあげれば、楽しく簡単にジャンプをマスターすることができます。

反時計回りのリラクゼーション

子供たちは、部屋を時計の針のように回って歩くことで落ち着こうとすることがあります。でもそれがどんどん速くなって、逆に興奮してしまうこともあります。そんな時には、あなたが一緒に歩いてペースを落とし、ゆっくりのリズムを作ってあげましょう。感情が乱れた後、少し離れていた後、子供が訳もなく夜中に起きて来た時などに、この反時計歩きをやってあげてください。

赤ちゃんが部屋をぐるぐる歩き始めたら、一緒になって歩いてあげましょう。赤ちゃんがご機嫌斜めだったり疲れてきたら、抱っこしてあげましょう。お話はせずに、あなたの呼吸と足の運びのリズムに集中するのがベストです。赤ちゃんを腕に抱いて、円を歩くことに集中します。一歩ずつ足を踏み出すごとに息を吐いて、リラクゼーションを深めていきます。時々立ち止まって赤ちゃんにそっとキスをし、安心させてあげましょう。赤ちゃんも深くリラックスしてゆき、あなたもますますリラックスしてゆきます。

素晴らしい効果

何度かやるうちにあなたの静かな呼吸と落ち着いたウォーキングのリズムが慣れ親しんだ習慣となるので、これが子供のリラックス反応を引き出すシグナルとなります。このシグナルは、他のどんなやり方よりもストレスなく楽に子供を落ち着かせることができ、脳がすごいスピードで発達中の子供の神経系にも素晴らしい効果があります。この反時計回りのリラクゼーションは、あなたが横になって完全にリラクゼーションに入るための導入にもできます。歩き始めた赤ちゃんはまだ一緒に横になろうとはしませんが、あなたがリラクゼーションの最中だと気がつくようになれば、リラクゼーションはヨーガの一部で、楽しかった体操やストレッチをしめくくる大切な結末なのだと理解するようになるでしょう。

あなたのリラクゼーションは、子供の過激な感情を変容させます。子供がそばで引っ張ろうが、たたこうが、じゃれてまとわりついて来ようが、反応せずに中立を保ってください。もちろんその他の時には、やっていいことと悪いことをしっかり教えます。

第7章 幼児のためのヨーガ

誕生の瞬間に我が子に一目ぼれした人も、日々のお世話を通してだんだん愛情がわいてきた人も、赤ちゃんの目ざましい成長の裏には、母としてのあなたのたゆまぬ働きかけがありました。そして赤ちゃんを見守ることは、自分自身を再発見することでもありました。すでにマッサージとヨーガが習慣になっていたら、子供が言葉を話せるようになってからも、お気に入りのプログラムを通じて、言葉によらないコミュニケーションを続けることができます。もし今までこうしたことをやってこなかったとしても、これから始めれば良いのです。この本で紹介してきたいくつかのプログラムを取り入れていけば、子供はあっという間にヨーガを自分のものにして、感情表現が豊かになり、あなたの母性もますます豊かになっていくでしょう。我が子の成長は、喜びと誇らしさに加え、もう赤ちゃんじゃないのだという一抹の寂しさをもたらすかもしれませんが、成長した今の我が子と完全に向き合うためにも、ヨーガの静かな時間を持つようにしましょう。

背中のアーチとヒップ・シークエンス

ここでは、赤ちゃんの頃に行ったポーズをもう一度取り入れますが、やはりお母さんに足を持ってガイドしてもらうのが一番です。自由に体を動かす術《すべ》をマスターしたので、ほとんどの2歳児はすんなりとあお向けになってくれます。幼児向けに角度や動きを変えたヒップ・シークエンスを行ったら、リラクゼーションのために脚をまっすぐさせます。この時、頭からつま先までを長くなでてマッサージしてあげると、子供もリラックスしやすいでしょう。

1 「お膝を胸に」は、2歳児の消化にも良く、便秘を改善します。おなかにうまく圧がかかるよう、膝はなるべく体の高い位置まで曲げ、その後まっすぐ伸ばしてあげましょう。脚を伸ばす時に息を吸い、膝を曲げる時には深く吐くよう教えます。頭をマットにつけるのが難しければ、枕を使いましょう。

2 腰の強化に役立つ「小さなブリッジ」で、「お膝を胸に」の動きとの釣り合いを取ります。片手で子供の足をマットに押し付け、もう片方を腰の下に添えてあげて、お尻がなるべく高く上がるように手伝ってあげましょう。

3 「小さなブリッジ」のあとは、背中をゆるめて整えるために、「押して、押し返して(54-55ページ)」を修正して行います。足の裏を上からではなく水平に押してあげましょう。しっかりと足の力がついてきていますから、子供が強く押し返したら、あなたは腕の力をいっぱいに使って、脚全体をピストンのように動かさなければならないかもしれません。子供の押し返す力が強いほど背中の調整に有効になります。

さか立ちとヒップ・シークエンス

幼児とのヨーガはスキンシップを通じたコミュニケーションの手段なので、まず2人で準備を整えることが必要です。始める前には子供の話を聞いてやり、二人の気分を合わせておきましょう。もしその日、新しいことをやってみるつもりなら、そのことを最初に伝えておきます。

1 小さなコブラ

赤ちゃんの頃、頭を持ち上げる首の力を養ったこのポーズが、今度はさか立ちへの導入になります。まず手だけではなく前腕を床につけ、背中の中程をゆっくり反らすところから始め、息を吐きながら肘を押しつけて、深く呼吸するよう促します。

2 脚のリフト

子供を、腕と頭の力を抜いてうつ伏せに寝かせ、脚を優しく持ち上げます。深い呼吸をしながら高く上げるよう励ましましょう。さらに少し高く足を上げます。子供には、手を首の横に置き、深く呼吸しながら床を押すように伝えます。これで腰椎を強化することができます。

3 さか立ち

子供に、手を床に強く押し付け、背中に力を入れるよう指示して、あなたは膝から立ち上がって子供の脚を持ち上げます。子供の背筋や腹筋にまだ十分な力がないと、胸郭が前に倒れてきますから、その場合はゆっくりと脚を下ろしてください。

本格的なポーズへ

手足を十分に伸ばせるようになっても、子供が伝統的なヨーガのポーズを取るには、まだ体を支えてあげる必要があります。背骨をまっすぐ伸ばし、手足や頭の位置を調節してあげましょう。一緒にできるポーズはたくさんありますが、ここではそのうちのいくつかを紹介します。

1 三角のポーズ

子供の背中をあなたの体に寄りかからせれば、子供の後ろ足をあなたの手で動かないように支えてあげられます。自分のポーズを維持しながら、もう片方の手で子供が自分の腰や肩を調節するのに手を貸してやったり、腕のストレッチを手伝ってあげることもできます。やがて子供は前の脚を伸ばせるようになり、伝統的な三角のポーズができるようになるでしょう。

2 月のポーズ

二人で行う三角のポーズの脚の位置から、上の手と手をつなぎ、あなたの後ろ脚で子供を支えながら、子供の後ろ脚を持ち上げてやります。このように体の調整をあなたにやってもらううちに、やがて自分でも修正できるようになるでしょう。

3 英雄《ヒーロー》のバランス

手をつないで体を支えてあげます。脚をしっかり伸ばせるようになるには少し時間がかかるでしょうが、姿勢もバランスの取り方もどんどん良くなっていくでしょう。

お母さんと友達と一緒にヨーガ

友達親子と一緒にヨーガをやってみましょう。楽しさが増し、お互いに良い刺激にもなります。子供たちが他者と調和し、一体感を体験できるペア・ワークを試したり、それぞれの能力や発達は違っていても、お互いの成長を共に喜べる競争のない空間をつくることができます。子供同士でやれば、ポーズはやりやすくなり、効果も増します。そして、お母さんと一緒のヨーガから1人でやるヨーガへの橋渡しにもなるでしょう。

ハートを開くポーズ

子供たちは今でも安全に包まれるのが好きです。手足をダイアモンド形にしたお母さんたちと同じ格好で、小さいダイアモンドを作るこのポーズは、心地良く、心が平和で満たされてきます。体の側面をゆっくりストレッチする動きは、胸を開き、呼吸のリズムに気づかせてくれます。

木のポーズ

子供を前に立たせ、手を一緒にして合わせます。子供はもう、1人でも片脚立ちでバランスを取れるかもしれませんが、あなたの体で支えてあげることで、腕を上に伸ばすのが簡単になります。友達と一緒にやると、この伝統的なヨーガのポーズがもたらすリラックス効果がより得られやすくなります。

足乗りバランス

こんなふうに脚で子供を持ち上げることができます。子供の胸の中心にある胸板部分にあなたの足の裏を当て、しっかり手をつないだまま少しずつ脚を伸ばしていけば安全です。もし不安定感があれば、すぐに脚を曲げて子供を下ろし、立たせます。脚を伸ばしても安定して快適で子供も喜んでいれば、もう片方の脚も伸ばして両足の裏で子供を支えて、十分にストレッチできます。友達と一緒に行えば、どんな子育てイベントよりスリル満点ですよ！

一緒に脚のストレッチと英雄《ヒーロー》のポーズで

お母さんペアが隣り合って座り、子供を前に座らせ、お互いに手をつないで脚のストレッチを行いましょう。こうすれば姿勢を保ちやすくなります。もう片方の脚もストレッチしたら、親子のペアで英雄《ヒーロー》のポーズを行い、しめくくります。

一緒に片膝をついてストレッチ

ボールに座って行うと、子供たちも片膝をついた姿勢になりやすいでしょう。友達と手のひらを合わせて、押し合いながら体を上に伸ばして行くと、1人でやるより高くストレッチできます。足を替えて反対側もやりましょう。

8の字のツイスト

次に床に座って、ツイストで8の字を作りましょう。まず片腕を伸ばして友達の腕と交差させます。吸いながら腕を替え、吐きながら反対の腕を伸ばして交差、これをリズム良くくり返しましょう。次に、子供たちに交差していた腕を体の後ろに回すように言い、空いているほうの手を伸ばして、友達と手をつなぎます。そうして引っ張り合えば、ツイストが完成します。反対側も行いましょう。

ストーリー・タイム

幼児期には想像力が急速に発達します。子供たちはシンプルな物語の中の動物や自然を真似て演じるのが大好きです。背骨をまっすぐ伸ばしたり、バランス感覚や柔軟性を養うだけでなく、ヨーガで身体を使って感情やイメージを表現したり、冒険することも可能です。動物のポーズを正確にやらせるよりも、子供が物語を聞いて感じたことや、子供の持つ動物像をそのまま表現させてあげるようにします。

お日様を助ける子ウサギさん

1 子ウサギのお話から始めます。子ウサギになった子供たちに、静かに正座して頭をマットにつけて丸くなってもらいましょう。ゆっくり芝居がかった調子で進めます。「夜の闇の中、子ウサギさんたちはぐっすり眠っています」

2 「やがて、かすかな光に目を覚ましました。何だろう? 小さなおうちから覗いてみると…。しーっ、静かにね。音を立てないように、穴からそーっと這い出して、何が起きたのか見てみましょう」

3 「さあ、丘に登りましょう。見て! オレンジ色のお日様が野原の向こうからお顔を出したよ。すごく、すごく大きいね! さあ、お日様がもっと高く昇れるよう助けてあげよう。スキップして、ジャンプして、うんと応援してあげましょう」

4 「お空に向かって大きく伸びて、おててては大きく開いて。もっともっと伸びよう。お日様はあっという間に昇り、ウサギさんたちは1日中歌ったり踊ったり、楽しく過ごしました」

いろんな動物がやってきた

キツネがやってきたよ…。3歳の子は、ヨーガでやったことのあるストレッチを応用して、獲物を狙って密かに近づいてくるキツネに見事になりきってくれるでしょう。子ウサギさん、気をつけて！

するとウサギさんはライオンに変身。ライオンを見たらウサギさんはジャンプ、ジャンプで逃げ回るでしょう。でもなんとライオンに大変身！ 子供たちは身体を緊張させて、爪を立て獰猛なライオンになりました。この写真中央のキアニ君は、乱暴者になるのは嫌だったので、猫になることにしました。

そうこうするうちに、あっちの川でワニがあらわれたよ！ ライオンさん気をつけて。お母さんがワニの真似をして大きな口をカパッと開けてライオンを食べようとします。写真のアルバー君はあの歌を思い出しました。「すーい すーい　ボート　川下り　ワニが出たら　大声で叫べ」 ベビーヨーガでお母さんと歌った歌です。ワニを追い払うために大声で叫ぶことを思いついたアルバー君は、とっても凶暴なライオンになることができました。

幼児期の親子リラクゼーション

成長につれ、自我が出てきて自己主張が強くなり「魔の2歳児」に突入すると、親は我が子への理解と忍耐の限界に挑むことになり、親子リラクゼーションの時間が非常に重要になってきます。この頃になると子供たちは、赤ちゃんの頃にやっていたマッサージを嫌がることなく喜んで受け入れるでしょうし、ヨーガの時間をリラックスで締めくくり、そのテクニックを身につけておけば、親子で衝突した後でもまたおだやかで調和の取れた状態に戻り、愛情の再確認もできます。マッサージやリラクゼーションを必要な時にいつでも取り入れてみてください。体を使って自分を静め、内面を見つめ、平和な心を取り戻す方法を教えてあげることは、子供に生きるためのかけがえのない知恵を授けることになるのです。

包み込む抱っこ、仲直り、そしてリラクゼーションへ

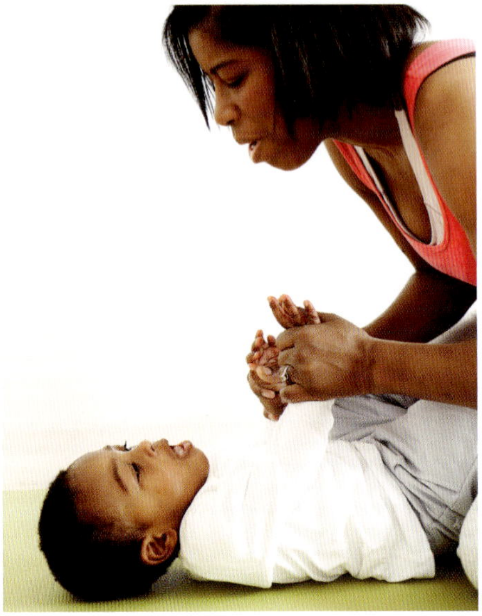

子供のかんしゃくの後には、今でも包み込む抱っこが役に立ちます。赤ちゃんの頃のように包み込んであげることで、イライラを追い出し、今、ここに戻してあげられるのです。必ずあなた自身の怒りを手放し、しっかりと愛情をこめて抱きしめてください。呼吸のペースを落とすことで自分自身を静めながら、子供を落ち着かせます。なかなかかんしゃくが治まらない時は、「もう大丈夫」の言葉を吐く息ごとにくり返してみましょう。

仲直りを態度で示すのも、小さな子供には有効です。ハイタッチはいろんな意味あいで使うことができます。うっぷんを晴らしたり、残っている怒りをおどけて表現したり、たいていの場合は手のひらを合わせることで打ち解けたスキンシップを取ることができます。

親と対決した後の子供は疲れ切っています。今こそ愛情たっぷりの抱擁を欲しがっていて、あなたにぴったり寄り添ってリラックスしたがるでしょう。さっきまであんなに抵抗してあなたを突っぱねていたのがウソのようです。さあ、二人で深くリラックスして、親子の強い結びつきを実感するチャンスです。

シャボン玉

落ち着いた状態であれば、小さな子供でも呼吸を意識することができます。シャボン玉は肺の容量を一杯まで使うことができるし、ヨーガ的にも子供の吐く息を長くすることができる良い方法です。息を長く吐くと、肺はその反動で酸素たっぷりの空気を一杯に吸い込むことができます。無理して吸いこもうとするより有効です。

ハンドマッサージと歌

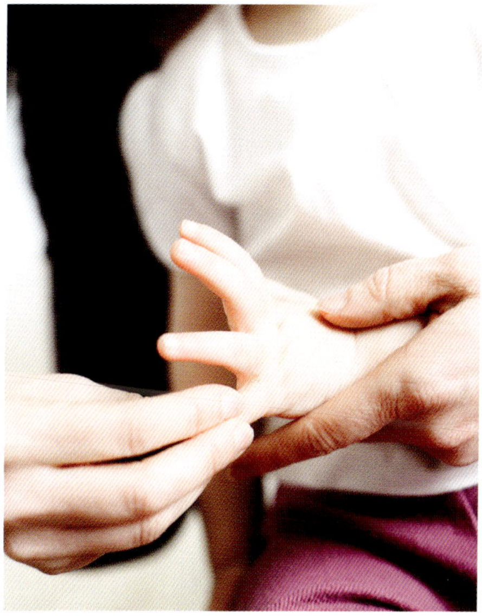

あまり時間がなかったり、横になるスペースがない時のために、ハンドマッサージはすぐに子供を落ち着かせる方法だと覚えておきましょう。左手から始めます。とりわけ効果的なのが、あなたの親指で子供の手のひらに手首から中央に向けて優しく円を描くようになでてあげることです。指のマッサージもいいでしょう。赤ちゃんの頃に歌ってあげたマッサージの歌を歌ってあげてもいいですね。歌とハンドマッサージを組み合わせると、二人の血液中に、愛情ホルモン、オキシトシンの分泌を促進します。継続は力なり。実践すればするほど、子供はすぐにリラックスできるようになるでしょう。

まずは、あなた自身がリラックスすること

短い時間でもリラクゼーションを行うと、子供と過ごす毎日にちょっとしたリズムがもたらされます。これが習慣になれば、子供たちはお母さんがリラックスすることを受け入れ、尊重することを学び、同時にあなたもリフレッシュできるのです。臨機応変に、でも確実にリラクゼーションをものにすると、ヨーガはあなたの生活の一部になります。この本で紹介したヨーガや他の伝統的な知恵を取り入れ、まずあなた自身が自分を慈しむこと。それが家族を慈しむための最善の方法です。

太陽礼拝

　流れるように体を動かし、呼吸を意識する。太陽礼拝は、数分間で全身を目覚めさせます。3歳になれば、この一連の動きを覚えることができます。幼いうちからやれば、筋力がつき、身体が柔軟になり、全身の協調性が増します。友達と競争せずに、そろって体を動かす楽しさを体験させてあげましょう。ここでは子供たちに教える際のいくつかのポイントを紹介します。

1 合掌のポーズ。なるべく両足をくっつけてまっすぐ立ち、両手を胸の前で合わせます。あなたは強くて、とても静かな気持ちです。

2 グーンと上へストレッチ。腕を前に突き出して、大きく息を吸いながら頭の上まで伸ばします。伸ばしている間も、できるだけ足はくっつけておきましょう。

　そして、頭を膝に。膝を曲げないように、息を吐きながら体を前に倒しましょう。自分の膝を見ながら、手を床に伸ばします。できたら足のすぐ横に手を置きましょう。（次ページ7）

3 後ろへ突く。手は床につけたまま、息を吸いながら片方の足を曲げて、もう片方を後ろに伸ばします。伸ばしたほうの足の膝は床についてもかまいません。（次ページ6の前へ突く動きの反対）

　その姿勢から次ページ5のドッグ・ポーズ。手で床を押して、前の足も後ろへ下げて両足をそろえます。お尻を高く持ち上げて、手も脚もなるべく伸ばしましょう。手足でしっかり床を押し、力強い呼吸をくり返します。

4 八つん這い。両手、両足の位置はそのまま。両膝を床に下ろし、胸と、できたらあごも床につけます(8点が床についています)。

そこからコブラのポーズ。おなかをついたまま体を前に動かし、肘を軽く曲げたまま手のひらで床を押して、肩と胸を持ち上げます。力強く呼吸します。

5 頭を下にしたドッグ・ポーズ。床についた手を押し、つま先を立ててお尻を持ち上げると、もう一度ドッグ・ポーズに戻ります。強く息をして。

6 前へ突く。息を吸いながら、片足を大きく一歩前に出して両手の間に入れます。後ろに残った膝は床に落として、できたら顔は上を見上げましょう。

7 頭を膝に。息を吐き、後ろの足を前足の横にそろえ、体を前に倒します。脚を伸ばしながら膝を見て、両手はできたら足のすぐ横に置きましょう。
それから大きく息を吸いながら両手を前に伸ばし、頭の上まで持ち上げます。前ページ2と同じようにできるだけ足はくっつけておきましょう。前ページ1の合掌のポーズに戻り、終わりにするか、もう一度同じ流れでやることもできます。3歳の子供には2回で十分です。

索引

ガイアブックスは地球《ガイア》の自然環境を守ると同時に
心と身体の自然を保つべく“ナチュラルライフ”を提唱していきます。

著者：
フランソワーズ・バービラ・フリードマン
(Françoise Barbira Freedman)
ヨーガ講師、セラピストであり、ケンブリッジ大学の医療人類学者。南米アマゾンでの長年のフィールドワークで得た現地の子育ての知恵を母国イギリスに広め、また、妊婦や産後の母親のために、ヨーガを応用した運動とリラクゼーションのプログラムを開発した。このプログラムの普及のため「バースライト」を創設。ヨーロッパをはじめ、アメリカ、オーストラリア、シンガポールなど世界各地で1500人を超えるインストラクターを養成している。4人の子供の母親であり、著書に『ベビー・ヨーガ』(産調出版)など本書を含めて12冊ある。

監訳：
木下 留美 (きのした るみ)
1972年広島県生まれ。一児の母。妊娠・出産を機に、おもに産前産後の女性のためのヨーガ指導に従事。バースライト認定産前産後のヨーガ、ベビーヨーガインストラクター。VYASA, INTLのYTIC修了。日本マタニティヨーガ協会員。夫とともに「Livelight(ライヴライト)」主宰。
http://www.livelight.jp

翻訳：
中井 智恵美 (なかい ちえみ)
翻訳者、通訳者。二児の母。早稲田大学第一文学部日本文学専修卒業。
メールアドレス:c-nakai@bgsupport.net

編集協力：
マリオン・オコーナー (バースライトUK トレーナー)
藤原 直樹 (小児科医)

Yoga for mother and baby
お母さんと赤ちゃんが楽しむ
ベビーヨーガ

発　行　2012年10月1日
発行者　平野　陽三
発行元　**ガイアブックス**
〒169-0074 東京都新宿区北新宿3-14-8
TEL.03(3366)1411　FAX.03(3366)3503
http://www.gaiajapan.co.jp
発売元　産調出版株式会社

Copyright SUNCHOH SHUPPAN INC. JAPAN2012
ISBN978-4-88282-848-8 C2077
Printed in China

落丁本・乱丁本はお取り替えいたします。
本書を許可なく複製することは、かたくお断わりします。

Resources

TCurrent Birthlight centers and partner centers worldwide

Birthlight UK
www.birthlight.com

Birthlight Institute Singapore
www.inspiremumbaby.com

Birthlight Center Moscow
www.birthlight.ru

Birthlight Center Zurich
www.birthlight.ch

Birthlight Germany
www.birthlight.de

Birthlight Holland
www.yogamoves.nl

Birthlight New Zealand
www.essentialmidwife.co.uk

Birthlight Taiwan
www.in-mommy.com

Birthlight Hungary
www.jogaszules.info

Text © Françoise Barbira Freedman 2010
Special Babies text © Jay Ehrlich 2010
Design and photography © CICO Books 2010

The author's moral rights have been asserted. All rights reserved. No part of this publication may be reproduced, stored in a retrieval system, or transmitted in any form or by any means, electronic, mechanical, photocopying, or otherwise, without the prior permission of the publisher.

Editor: Marion Paull
Designer: Jacqui Caulton
Photographer: Ian Boddy
Special Babies Consultant: Jay Ehrlich,
yoga therapist and special needs advisor
(www.yogababies.co.uk)